La codependen

Primera edición, noviembre de 2018
D. R. Montserrat Moragrega.
Edición: Brigitte Bótelo
Diseño y maquetación: Luis Fernando Ortega
Fotografía de portada: Mijael Ganon
Modelo de portada: Yael Ganon

No se permite la reproducción parcial ni total de este libro. Ni su incorporación a un sistema informático, ni su transmisión en cualquier forma o medio, sea éste electrónico, mecánico, fotocopia, grabación u otros métodos, sin el permiso previo del editor por escrito. La infracción pude ser constitutiva de delito contra la propiedad intelectual.

# La codependencia,
### ¿por qué no me ama?

MONTSERRAT MORAGREGA

# Contenido

| | |
|---|---:|
| Preámbulo | 9 |
| Presentación | 13 |
| La codependencia | 15 |
| Características de una persona codependiente | 21 |
| La recuperación | 43 |
| Programa de los doce pasos | 47 |
| Los lemas | 91 |

*Agradecimientos*
Para Eduardo, que me enseñó lo que es la aceptación.
Para mi mamá, que me heredó el amor por las letras.
Para mis hijos, Yael, Shirelle, Jacobo y Mijael, ya que en ellos encontré la motivación para seguir adelante.

## Preámbulo

Para hablar de la codependencia, es necesario tener presente que se trata de una enfermedad y que la persona que la padece no elige tenerla; esta se va dando de manera progresiva hasta el punto de absorber la mayor parte de la energía tanto de quien la sufre como de su entorno. No hay motivos para sentir vergüenza por mostrarse como codependiente; por el contrario, hay que sentir orgullo, porque se requiere valor para reconocerlo; el obtener conciencia es el inicio de la recuperación.

Monserrat Moragrega hace mención en este libro que una de las características del codependiente es la victimización; esto, en particular, me resulta importante. En la recuperación es fundamental poder advertir este papel que desempaña un codependiente, ya que hacerse la víctima resulta nocivo, no solo para él mismo, sino para su entorno. Es probable que haya sido la única forma en que pudo obtener un poco de control sobre su vida al estar relacionado con una persona abusiva o con alguna adicción; sin embargo, no es la más correcta, porque victimizarse es en sumo grado tóxico. ¿Quién quiere vivir con una víctima?

Durante el proceso de varios codependientes, he podido confirmar lo necesario de ser consciente de esta característica para la recuperación; solo así pueden asumir la responsabilidad de sus acciones y consecuencias para lograr hacerse cargo de sí mismos. Solo así un día podrán mirarse al espejo y decirse lo mucho que se quieren.

Un codependiente siempre tiene expectativas de los otros; en las relaciones de pareja, por ejemplo, siempre espera que el otro dé lo mejor. Cuando no logra obtener lo que desea, comienza un comportamiento autodestructivo en búsqueda de esos ideales; pretende a toda costa vivir a través del otro; incluso, pierde valores y creencias sobre sí mismo con tal de conseguir el amor del otro. Cuando escucho los testimonios de quienes llegan a grupos de Al-Anon, concluyo que, si el precio a pagar por estar con otra persona es su propia dignidad y respeto, entonces, sin duda, el costo siempre será muy alto.

La recuperación de un codependiente puede resultar un camino doloroso, pues lo lleva a revisar y confrontase con su propia historia, expectativas y sueños. Un camino que pocos se atreverían a andar solos, y aquí radica la importancia que la autora le da al programa, el cual te hace sentir acompañado desde el momento en que las personas llegan al grupo en búsqueda de ayuda; un acompañamiento que se da desde la empatía de quienes ya han transitado este camino y que, hoy, la recuperación de sí mismos los lleva a brindar un servicio para brindar apoyo a otros. He sido testigo del compromiso de Monserrat para guiar a otros codependientes a encontrar una luz ante esta enfermedad, que se plasma a través de este tercer libro. En el grupo escucho constantemente la frase "Solo tú puedes lograrlo, pero no puedes lograrlo solo".

Mi gratitud eterna para quien ha demostrado día a día que la recuperación es posible, que siempre habrá alguna alternativa que solucione un problema y, sobre todo, que existen personas comprometidas con ayudar, de forma real, a quienes padecen esta enfermedad. Coincidir en este camino, sin duda, me deja mucho aprendizaje.

Silvano Lugardo

# Presentación

*No se puede poner límites
y ocuparse de los sentimientos ajenos al mismo tiempo.*
The Forum

Este tercer libro completa la trilogía de *¿por qué no me ama?* El primero, el control, y el segundo, el abuso, nacieron de la experiencia de una relación de más de veinte años de mucho sufrimiento que motivó la necesidad de reflexionar y comprender por qué una persona ejerce control, o bien, abusa de otra. En los dos primeros libros hago un recorrido sobre el perfil del victimario, con sus propias carencias emocionales que lo llevan, a veces de manera inconsciente, a ejercer control y abuso. En el otro extremo, está la víctima, que se siente impedida ante el victimario, ya sea por cuestiones de fuerza, poder económico o, simplemente, porque cree que sin esa persona no podría vivir; entonces deja que traspase sus límites con tal de que no la abandone, se somete al otro, y sus problemas se convierten en un muro que la inmoviliza y le impide romper el ciclo de la codependencia.

La codependencia implica negación, confusión para salir de ella y la evidencia de no saber pedir ayuda. Cuando un codependiente toca fondo y es consciente de la relación insana en la que vive, transita entre el dolor de perder a la persona amada, el enojo por tantos años de sumisión y, por fin, la aceptación; entonces se convierte en sobreviviente.

Este tercer libro ya no se enfoca a la otra persona, sino a las herramientas necesarias para moverse o alejarse de un lugar donde solo hay dolor. La recuperación no es fácil, pero cuando sentimos que podemos controlarnos y decidir sobre nuestra vida, es el momento en el que empezamos realmente a vivir en libertad y a experimentar el gozo de estar con los seres queridos y disfrutar cada instante.

En esta ocasión, recupero los testimonios o historias de personas con quienes he convivido o coincidido a lo largo de mi propia redención. Agradezco a todas ellas las lecciones aprendidas en común y lo mucho que me aportaron para escribir esta tercera entrega. Sus nombres verdaderos me los guardo y me refiero a ellas con nombres ficticios para salvaguardar su privacidad.

Espero que esta historia compartida, que también es la de muchas mujeres y hombres que han vivido en una relación de codependencia, sirva de alivio, pero también genere entereza en quienes creen que no pueden salir adelante después de una experiencia de dolor.

M. M. V.

# La codependencia

> *La madurez se logra cuando una persona pospone*
> *placeres inmediatos por valores a largo plazo*
> Joshua L. Liebman

Durante veinte años, Sonia vivió un matrimonio de abuso, una relación desgastante y privada de toda sensibilidad al grado de no darse cuenta de lo que sucedía. Intentaba en todo momento hacer feliz a su pareja para que la amara, aunque él se mostraba siempre con una actitud de enojo e infelicidad. Cualquier cosa que hiciera, el resultado era el mismo. Esto no solo le provocó una gran desilusión, porque creía que ella no era lo suficientemente buena para él, sino también enfermedades gastrointestinales; sin embargo, Sonia prefería ignorar su condición y seguir en la negación con tal de no perder el sueño del matrimonio feliz, indispensable para seguir su vida.

Para Sonia, su felicidad no importaba: vivía totalmente fuera de sí, ya que todo giraba alrededor de él; buscaba su felicidad, satisfacer sus necesidades, apoyarlo en lo que él quería, mientras que él se aprovechaba de su estado de ánimo e incluso de sus bienes materiales. Un evento dramático en su vida la hizo despertar de la negación y tocar fondo: su esposo había desfalcado no solo la herencia de Sonia, sino también la de los hermanos de ella. Esto la obligó a buscar ayuda profesional y a confrontar su codependencia.

La codependencia es una relación no sana, que produce dolor, y que es muy difícil desprendernos de ella, porque trasciende la condición psicológica: aunque nuestro cuerpo está en un lugar, nuestra mente está anclada en la relación dañina, en la persona de nuestra obsesión. Sin pensarlo, se manifiesta una excesiva y, a menudo, inapropiada preocupación por otra persona; no se vive en el aquí y el ahora, y se dejan de disfrutar el presente. Una persona codependiente es capaz de hacer cualquier cosa por lograr que su pareja la ame como ella quiere: rogar, chantajear, controlar, lo que sea con tal de que su deseo se haga realidad.

La codependencia nos mantiene fuera de nosotros mismos, porque nuestro pensamiento se anida en otra persona. En la codependencia no escuchamos lo que necesitamos, porque estamos sujetos a las necesidades del otro. Vivimos en la negación, lo que implica negar nuestros propios sentimientos. Vivimos para hacer sentir bien al otro; no a nosotros mismos. Le restamos importancia a lo nuestro, como si el otro fuera más importante que nosotros. Ante ello, es entendible que el codependiente tenga una baja autoestima.

Es difícil saber cuándo una persona se vuelve codependiente; puede haber sido en la infancia o al estar en una relación con un alcohólico, drogadicto, abusador… Sin darse cuenta, va cediendo su ser y su libertad. Le da más valor a lo que el otro o la otra opinan de él o ella. El negar sus emociones es una forma inconsciente de protegerse y lo utiliza para sobrevivir en determinadas circunstancias.

Al ser codependientes, perdemos la capacidad de ser libres. No podemos decidir porque nuestra mente no lo consiente. Sin darnos cuenta, cedemos nuestro ser y nuestra libertad y permitimos que rebasen todos nuestros límites hasta invadirnos por completo.

Es el caso de Bertha, quien siempre estaba suplicando por un poco de amor. Desde su niñez lo hacía con su padre, quien abandonó el hogar cuando ella tenía siete años. Recuerda las veces en que la invitó a cenar, pero nunca llegaba: cuando cumplió quince años y, después, cuando llegó a los dieciocho. Él nunca contestaba sus llamadas. La conducta codependiente, Bertha la reprodujo también en sus relaciones, en las cuales nunca había podido poner términos. ¿Cómo podía establecerlos si ni siquiera conocía sus propios límites?

Los límites son uno de los secretos de la codependencia; se relacionan con el escuchar nuestros sentimientos para poder reconocer lo que nos hace sentir felices, lo que nos entristece o enoja. Si identificamos estos sentimientos, entonces podemos reconocer cuáles son nuestros límites y evitar que alguien los rebase.

Al inicio de una relación de codependencia, podemos fingir que todo está bien y ocultar las cosas que están mal; es una especie de supervivencia en un ambiente de gran tensión y dolor emocional por la adicción a otra persona. Según el psicólogo Robert Subby, "la codependencia es un estado emocional, psicológico y conductual que se desarrolla como resultado de que un individuo haya estado expuesto prolongadamente y haya practicado una serie de reglas opresivas, reglas que previenen la expresión abierta de sentimientos al igual que la discusión abierta de problemas personales e interpersonales".

En una relación de abuso hay un sinfín de temas que no se pueden hablar, sentimientos ignorados o negados, reglas opresivas, discusiones a puertas cerradas para que nadie escuche. Esto provoca aislamiento y una sola realidad, la que plantea el otro. En una relación de esa naturaleza no hay amor, comprensión, intimidad ni amistad; son suplantadas por la tristeza, la desaprobación y el sufrimiento. La persona que se aferra a una relación tóxica se identifica como codependiente de un vínculo que genera más días de desdicha que de felicidad o tranquilidad.

Los codependientes son expertos en justificar la actuación negativa y destructiva de la otra persona con tal de quedarse con un poco de amor. No se dan cuenta de que su vida se vuelve ingobernable por actuar como la otra persona les indica o para que la otra persona los quiera. El día que sean conscientes de ello, podrán sentir la paz que brinda la libertad.

Nos podemos preguntar cómo una persona puede entregar su vida y su voluntad a otro y por qué decide quedarse en una relación destructiva. Nadie en su sano juicio entregaría el control de su vida. La codependencia nos da la respuesta: la persona codependiente se ciega, ruega y suplica por un amor que nunca va a llegar. Es posible identificar esta conducta por los síntomas, problemas, mecanismos de defensa o reacciones ante la persona de quien se está obsesionado.

La relación de codependencia es disfuncional, con una preocupación excesiva y, a veces, inapropiada por el otro. El codependiente se olvida de sí mismo y se enfoca en la otra persona, lo que denota una baja autoestima. Como la persona se olvida de sí misma, deposita en el otro o en la otra su propia felicidad y, al no tener lo que desea, entonces la invade la frustración y la depresión.

La persona codependiente también trata de ejercer el control sobre el otro, ya que no lo acepta como es, quiere que la ame como él o ella desea, no como la persona pueda amar. Cree que si da todo, va a lograr que su pareja haga lo que él o ella pretende. La conexión codependiente no es auténtica, porque el codependiente se pierde, desaparece, finge ser lo que la otra persona necesita por el miedo a perderla. El codependiente manipula para que la otra persona se quede; algunas veces simula estar enferma para llamar la atención o hacer que la otra persona la trate mejor, que no se enoje con ella, que la tome en cuenta, que tenga empatía. Todo esto es manipulación, se aleja del "vive y deja vivir", del aceptar a la gente como es. La persona codependiente se deshace de su ser real para convertirse en la pareja "perfecta". Cede totalmente su pensamiento y sus emociones.

Para un codependiente, es muy difícil dejar la relación que vive, porque sus límites emocionales, psicológicos, espirituales, económicos y, algunas veces, hasta los físicos y sexuales son traspasados. Por supuesto, esto no es amor, porque el amor requiere igualdad, libertad, empatía y respeto. En las relaciones codependientes esto no sucede.

El codependiente se ancla en una persona y construye sus sueños en esa relación. Si el codependiente siente que puede perder a la persona de su obsesión, su mundo se acaba. Esto sucede porque no tiene conexión consigo mismo, no se reconoce a sí mismo, lo que siente, lo que piensa o lo que es; se convierte en una extensión de la otra persona. Por ende, no puede tener intimidad ni con él ni mucho menos con otra persona.

La codependencia es una enfermedad obsesiva/compulsiva que puede ser tratada; la persona puede llegar a sentirse libre, tomar decisiones, relacionarse y poner límites. Sentir paz y serenidad y gozar los momentos felices. Puede dejar atrás el pensamiento obsesivo y la angustia que causa perder al otro. Es más, puede tomar la decisión de desprenderse emocionalmente; con ello la angustia desaparece. Para lograrlo, es importante dejarse guiar y pedir ayuda a un profesional.

Durante mucho tiempo, la codependencia se ligaba solo con una persona casada con un adicto o un alcohólico; sin embargo, hoy en día se acepta que tiene que ver con cualquier relación disfuncional. La persona que se queda en una relación en la que hay sufrimiento, por lo general está en la negación y se queda porque no tiene claro lo que está pasando; es como verse en un espejo empañado. Hay dos razones por las que la persona permanece: una es por miedo a las consecuencias, muchas veces temores infundados, pero que mantenemos en nuestra imaginación, y la otra es porque cree que va a lograr que un día la quiera como ella lo desea.

Hay que recordar que una persona inmersa en una relación insana que decide quedarse es codependiente. La única forma de deshacerse de esa codependencia es intimar consigo misma, aprender a quererse y después identificar si la relación genera emociones positivas. La persona codependiente debe aprender a soltar, a desprenderse en lo emocional, preguntarse: ¿esta relación me produce más momentos gratos o más momentos tristes en mi vida? y ¿estoy pensando siempre en la relación, incluso cuando realizo mis actividades? Las respuestas son un indicador del tipo de relación en que se encuentra.

# Características de una persona codependiente

En el capítulo anterior hicimos evidente que la codependencia se da en una relación tóxica, que nos lastima y, sin embargo, nos quedamos. En este abordaremos las características de una persona codependiente, las cuales podemos resumir de la siguiente manera:

- Presenta dificultad para tener relaciones sanas.
- Permanece en una relación que le provoca sufrimiento.
- No reconoce lo que siente y se ancla en un sentimiento; por ejemplo, la tristeza o el enojo.
- Muestra conductas compulsivas.
- Se siente responsable de las emociones de los demás; por ejemplo, si su pareja llega enojada, cree que es por su culpa.
- Se siente responsable del pensamiento de los demás.
- Se siente responsable del comportamiento de los otros.
- Cree que debe cubrir las necesidades de su pareja.
- Tiene baja autoestima.
- Su percepción de sí misma depende de lo que le digan los demás.
- Siempre está buscando aprobación.
- No soporta que nadie se enoje con ella.
- Sufre depresión.
- Dice que sí cuando en realidad quiere decir que no.

- Pretende resolver los problemas de los demás.
- Sabe dar, pero difícilmente puede recibir.
- Se relaciona con gente necesitada o con otro tipo de obsesiones compulsivas.
- Vive en el drama.
- Se siente víctima.
- Tiene miedo de cometer errores.
- Le cuesta trabajo tomar decisiones.
- Siente culpa.
- Siente que la vida no tiene sentido.
- Si ayuda a otro, por un momento sube su autoestima.
- Desea que otros la amen, pero no se acerca a gente sana que sepa amar.
- Se afana en demostrar que es lo suficientemente buena para ser amada.
- Se obsesiona por otra persona.
- Ignora los problemas.
- Pretende que las cosas no están tan mal como parece.
- Se siente confundida.
- Se deprime.
- Toma medicamentos antidepresivos.
- Va a terapia para tratar su depresión (pero no se enfoca en la causa real).
- Cree las mentiras con facilidad.
- Siente que cae en la locura.

Ahora compartiremos ejemplos reales de personas que han vivido con estas características y el sufrimiento que les ha causado. Aquí contaremos su historia.

### Entablar relaciones complicadas

Para este caso, haremos referencia a Verónica, una mujer hermosa, exitosa y elegante, quien nos compartió su historia:

> *«Yo tenía varios hombres que andaban detrás de mí, pero por alguna razón siempre me atraían los hombres manipuladores,ególatras y narcisistas. Obviamente no me daba cuenta; cuando yo empezaba con una relación, la persona con esas características hablaba de lo perfecto e importante que era, y yo le creía. No me percataba de que una persona sana no tiene necesidad de estar hablando continuamente de lo maravilloso que es y de lo relevante que es su trabajo. Cuando conocí a mi esposo, me comentó que era muy buen empresario, un gran financiero, que había sacado adelante a todos sus hermanos, ya que su papá había dejado de trabajar cuando él tenía dieciséis años. Yo le creí. Al paso del tiempo, supe que era mentira y que era su ego hablando. El hombre maravilloso era en realidad un egoísta, no trabajaba, era un jugador que perdió todo su dinero y mi dinero, que no le importaba nada más que él mismo. Duré veinte años casada con él hasta que decidí huir de mi casa por los problemas legales en que él me había involucrado.»*

Verónica vivió cuatro años de paz y serenidad siguiendo los doce pasos del programa de Al-Anon; tenía años sin sentir tanta paz. Después de ese tiempo, conoció a un político que en su primera cita le contó todo lo maravilloso que él hacía por la gente, que trabajaba siempre en pro de las otras personas, que no era celoso, que era muy seguro de sí mismo, que no tenía ningún problema, y varios etcéteras. Que era tan seguro de sí mismo que ni siquiera necesitaba verse al espejo. Hoy ella se pregunta si acaso existe tanta perfección. En ese momento, ignoró las alertas y solo se enfocó en lo que él le decía. Una vez más, Verónica se enganchó con una personaególatra y narcisista. Sin embargo, poco a poco se percató de que solo pensaba en él mismo, que el ser político lo hacía porque le daba poder, porque manipulaba a la gente y le daba cosas que él necesitaba. Ella se dio cuenta de su falta de empatía en una cena. Era una noche fría y él llamó a uno de sus choferes y le pidió que le trajera un suéter. Ella usaba un vestido ligero y también tenía mucho frío. Él exclamó: "¡Te estás congelando!, ¿verdad?", pero no tuvo ningún gesto amable hacia ella; es más, su tono era un tanto burlón.

Un día, Verónica le regaló algo que para ella era muy significativo y él simplemente lo olvidó en un restaurante. Las palabras dulces que pronunciaba no tenían nada que ver con los hechos. Ella pudo terminar a tiempo con esa relación y eso la enorgullece, ya que significa que cada día está mejor y que es consciente de que en ella reside la responsabilidad de su propio bienestar emocional.

### *Permanecer en una relación que provoca sufrimiento*

Para esta característica, vamos a referirnos a Esther, una joven mujer que conocimos en el grupo de Al-Anon, la cual llevaba muchos años casada con un alcohólico, que cuando tomaba se volvía una persona abusiva, al grado de golpearla. Ella acudía al grupo para saber cómo lidiar con él; no tenía la menor intención de dejarlo. Aquí su relato:

«*Yo conocí a mi esposo tomando un vino, aunque él me aseguraba que tomaba poco. Cuando nos casamos, me di cuenta*

> *de que era mentira y que no solo tomaba mucho, sino ¡todos los días! Ya estábamos casados cuando conocí la realidad. La primera vez que llegó borracho, yo no dormí esperándolo. Al llegar, le comenté que estaba preocupada; en respuesta, él me golpeó y me amenazó, me dijo que no tratara de controlarlo. Ese día, después de golpearme, se fumó un cigarro de mariguana. Entonces, empecé a ir al grupo de Al-Anon, donde me han enseñado a vivir; ya no me meto en su vida, aprendí a vivir y dejar vivir. Así que yo sigo mi vida; cuando veo que llega borracho o drogado, me encierro en el cuarto. De esta manera he logrado vivir casada durante catorce años y en paz.»*

En este caso, Esther decidió quedarse en una relación que a todas luces no es sana. Al final, no importa si te quedas o te vas, lo trascendental es poner límites y alejarse cuando se está en peligro. De todas formas, esta relación es de codependencia, pero ella buscó la mejor manera de enfrentarla. Cada quien toma la decisión que le brinda paz a su vida.

### No reconocer lo que se siente, anclarse en un sentimiento (tristeza o enojo)

Una persona codependiente tiende a no darse cuenta de lo que siente. Maribel, una joven interna en una clínica, explica con mucha claridad este punto:

> «*Llegué a la clínica porque estaba tomando demasiados tranquilizantes y me preocupé, pero en realidad no tenía conciencia de por qué lo hacía, por qué sentía tanta ansiedad. Cuando llegué, yo sabía que tenía características diferentes de otras gentes, que estaba triste mucho tiempo, que deja-*

*ba que me humillaran y no me defendía, que era demasiado sentimental, pero no entendía lo que provocaba todo esto, solo sentía que era diferente a los demás. Cuando escuche la primera conferencia de codependencia, entendí que lo que yo creía que sentía era mi enfermedad, no era yo. Yo no sabía lo que sentía, quería o pensaba; lo que había recibido ahí era una caja que contenía todo lo que mi enfermedad era, y conforme estaba más días en ese lugar, más me percataba que la caja iba creciendo. Ahora la tarea que me queda es ardua, tengo que empezar a conocerme yo, qué siento, qué creo, qué quiero, cuáles son mis valores, mis metas, tengo un camino largo delante de mí.»*

La codependencia de Maribel no le permitía reconocer quién era; fue un viaje interesante hacia su interior para descubrir su verdadero yo.

### Mostrar conductas compulsivas

Para estas conductas, pondremos el ejemplo de Marisa, quien había logrado alejarse de una relación de abuso y había estado cuatro años sola. Un día empezó a salir con un hombre que, desde el principio, le aclaró que no estaba dispuesto a tener una relación seria, que nunca en su vida se había enamorado y que no podía ser fiel; sin embargo, estas palabras, en vez de asustarla, la engancharon más y se quedó en la "relación":

*«Un día este hombre me llamó y me dijo que había recibido muchas llamadas telefónicas y mensajes porque había sido su cumpleaños. Yo me acababa de incorporar a un nuevo trabajo, que me absorbía mucho tiempo. Me sentí angustiada por no haberlo felicitado; me sentía muy culpable. Le marqué a*

> *su secretaria para preguntarle cuál era el vino favorito de él; salí corriendo de mi trabajo y fui a comprarlo, además de todo lo que implica dar un regalo: caja, envoltura, moño... Solo pensaba en hacerlo feliz. Le dejé el regalo con su secretaria. Me costó tres horas de mi trabajo, con el riesgo de perderlo, pero no me importaba, porque mi compulsión me empujaba y no podía detenerme. Nunca me habló para darme las gracias, lo que me entristeció.»*

En este caso, Marisa sabía que su compulsión no era sana, pero no podía hacer nada para detenerse, lo que la llevó a la ingobernabilidad de su vida.

### *Sentirse responsable de las emociones de los demás*

La persona codependiente se siente responsable del estado de ánimo de su pareja. Esa es la historia de Isabel, una mujer que vivía una relación de abuso en la cual creía que el sentir de su pareja dependía de ella:

Cada vez que mi marido iba a llegar, yo sentía un nudo en el estómago; me daba gastritis y miedo de pensar de qué humor iba a llegar. Él nunca estaba de buen humor y yo siempre pensaba que era por mi causa. Trataba de contentarlo y sonreía aunque él estaba enojado, pero no lograba que cambiara su actitud. Cuando le preguntaba qué le pasaba, él me respondía que "tú deberías saberlo". Durante el día, me quedaba pensando qué había hecho yo para que él se molestara si mi vida giraba alrededor de él y de mis hijos; trataba de ser la ama de casa perfecta, pero no había forma de que pudiera hacerlo feliz.

Isabel tardó en darse cuenta de que cada uno somos responsables de nuestros actos y de nuestros estados de ánimo.

### Asumir responsabilidad del pensamiento de los demás

Para ilustrar este sentimiento, hablaremos de Alejandra, una joven cuyo novio le reiteraba constantemente que no pretendía una relación sería con ella, porque estaba muy ocupado:

Estaba segura de que yo tenía la culpa de que él no quisiera estar conmigo en una relación seria. Me decía yo misma: "Él no me quiere por lo que yo soy, por eso provoco que él no me tome en serio". Hoy soy consciente de que no podía influir en lo que él pensara y que él no me amaba por lo que yo decía o hacía. Ahora sé que no era la relación que yo buscaba y lo mejor era alejarme: vivir y dejar vivir. Sí, vivir y buscar lo que yo en realidad deseo. Mi pareja no buscaba lo mismo que yo ni teníamos las mismas metas. Su pensamiento era de él y solo de él, yo no lo motivé ni podía hacer nada para que cambiara de opinión.

Muchas personas creen que son responsables del pensamiento de los demás sin detenerse a considerar que cada uno de nosotros somos responsables de nuestro propio pensamiento y que es lo único que podemos controlar.

### Sentirse responsable del comportamiento de los demás

Un codependiente piensa que él influye directamente en el proceder de su pareja. Aquí hacemos alusión a la historia de

Cristina:

*«Yo estaba casada con un jugador. Él siempre estaba metido en problemas económicos, siempre botaban los cheques y se retardaba en los pagos de todo. Yo pensaba que era mi culpa, que si yo fuera lo que él realmente necesitaba de una mujer, él dejaría de jugar, porque querría estar conmigo, pero hoy sé que no era yo, era su problema, era su propia enfermedad, él era jugador no por mí, sino por él, y esa era su responsabilidad. Yo no la causaba, no lo controlaba y no era responsable, pero pasaron muchos años pensando que si yo fuera de otra manera, él sería diferente.»*

### Cubrir las necesidades de los demás

En el grupo de Al-Anon, Esther describió cómo cuidaba a su esposo como si fuera su hijo; él era alcohólico. Ella lavaba su ropa, le daba de comer, le compraba sus medicamentos, y todavía lo esperaba despierta cuando no llegaba. Cuando le llamaban porque él se había quedado borracho, tirado, iba y lo recogía.

### Tener baja autoestima

El codependiente puede ser una persona valiosa, autosuficiente, luchadora, estudiosa, hermosa por dentro y por fuera, pero necesita que continuamente se lo estén recordando. Samantha, una jovencita de dieciséis años, hermosa, simpática, inteligente, con todos los atributos de su edad, tenía una imagen distorsionada de ella misma. Solía salir en la noche a buscar muchachos y terminaba tomando bebidas alcohólicas, teniendo sexo con ellos nada más para alimentar su autoestima; sin embargo, lo que le provocaba su conducta era mucha depresión al día siguiente; se sentía devaluada, sola, utilizada y cruda. Su autoestima se iba a pique y se sentía peor cada día.

### Depender de lo que digan los demás

El codependiente tiende a desarrollar una baja autoestima y se percibe según lo que piensan los demás de su persona. Necesita escuchar siempre palabras positivas de su apariencia y de su ser: guapo, inteligente, trabajador... Le gusta que se lo repitan una y otra vez porque él mismo no está convencido de serlo. Su autopercepción es muy baja. Esto también lo empuja a estar tratando de agradar a los demás para parecer buena persona. Con su pareja, pretende de ser perfecto para escuchar elogios, que muchas veces no llegan de su propia pareja, pero eso no lo rinde; él sigue intentando agradarla.

### Buscar siempre aprobación

Por su misma baja autoestima, el codependiente necesita sentirse aprobado por la gente. Difícilmente va a discutir algún punto, porque no quiere pelearse, quiere quedar bien con todos. Aun cuando tiene su criterio, algunas veces no se escucha y otras se deja convencer por los demás de que su opinión es menos válida, o simplemente subestima su propia visión de las cosas a fin de no perder la aprobación de otros. Por esta razón, va a tratar de quedar bien con otros sin importar lo que quiere, siente o piensa.

### *No soportar que nadie se enoje con ella o él*

El miedo al enojo de otros también hace que el codependiente se guarde sus opiniones y no manifieste su forma de ser, pensar y sentir. Prefiere vivir callado antes de que lo desaprueben. El codependiente siente que, si se enojan con él, pueden dejar de quererlo y esto para él es insoportable, entonces prefiere no decir nada y no arriesgarse a perder a la persona de la cual depende su autoestima.

### *Decir que sí cuando en realidad es no*

Esta situación encierra un sinfín de problemas y deja de lado lo que la persona realmente quiere. Es el caso de Mercedes, una amiga, que durante su noviazgo con el que ahora es su esposo sufrió de parte de él maltratos psicológicos y emocionales, engaños e infidelidades. Pasaron los años, y cuando ya tenían tres hijos, él le pidió que se casaran y ella no se atrevió a decir no, a pesar de que en el fondo no lo deseaba. Aprender a definir lo que queremos y necesitamos nos va a ayudar a establecer límites y a negarnos con mayor facilidad.

### *Resolver los problemas de los demás*

El codependiente requiere ser necesitado. Muchas veces, tiende a resolver problemas de otros con el ánimo de ser más querido. Presta más atención a las necesidades de los otros que a las de él mismo y hasta se olvida de su propia persona. Al resolver problemas de otros, desea que lo aprueben y cuando no se lo agradecen, se siente mal y triste y más devaluado. Es el caso de Manuel, quien se desvive por ayudar a todo el mundo y después, cuando difieren en cualquier opinión o se alejan, chantajea y sufre por todo lo que dio. No se da cuenta de que nadie se lo había pedido. La gente que lo rodea termina alejándose de él y esto lo hace sentir más solo. No sabe cómo mantener una relación sana en la que únicamente este ahí como amigo, no como proveedor o cuidando a la gente.

### Saber dar, pero no recibir

El codependiente da hasta quedarse sin nada. Hay algunos que tienen la facilidad de dar a otros: regalos, tiempo, atención; sin embargo, si alguien les brinda algo, sienten que no lo merecen y, muchas veces, no lo aceptan. Ellos pueden desprenderse de todo lo que tienen con tal de agradar o ser querido, pero recibir les cuesta más trabajo. Deben aprender a aceptar, poco a poco, ayuda o pequeñas cosas hasta dejar de sentirse avergonzados y poder agradecer estos gestos.

### Relacionarse con personas necesitadas o con obsesiones compulsivas

El codependiente no entabla relaciones sanas, ya que se vincula con gente que tiene problemas, por lo que cree que lo necesitan. Con alcohólicos se da la mancuerna perfecta, porque se asume como salvador, pero al final se queda vacío. Debe hacer conciencia de ello y, a partir de ahí, elegir a una persona no desde su necesidad enfermiza, sino desde su lado sano.

### Vivir en el drama

La persona codependiente, al rodearse de gente obsesiva/compulsiva, está acostumbrada a que su vida se llene de drama.

Siempre está pasando algo, y no bueno. Pasan cosas tremendas en su vida: desde terminar constantemente con la relación hasta perder el dinero, que la persona no llegue, que le robe... Es una calamidad tras otra durante el día y lo peor es que se acostumbra a tal grado que ya no sabe vivir sin la adrenalina que estos conflictos le producen. La paz y tranquilidad no aparecen en su vida, y lo peor es que, una vez que hace conciencia y se aleja de las personas que traen el drama con ellas, siente que algo falta en su vida. Muchas veces confunde la serenidad con la tristeza. Está tan acostumbrada al *rush* que causa la tragedia que cuando logra "recuperarse", muchas veces busca drama donde ya no hay; así que debe trabajar siempre con este aspecto.

### *Asumirse como víctima*

Una persona codependiente considera un caos la situación que la rodea y se sitúa en esta como la víctima. Cree que la otra persona es la causante de ello y no se da cuenta de su responsabilidad. La maltratan psicológica, emocional y sexualmente; sin embargo, no es capaz de poner límites o hasta alejarse. Si está en una relación con un alcohólico o un adicto a las drogas, que no llega en la noche, sale a buscarlo por todas partes de manera compulsiva. ¿Acaso esto es real? No, pudo haberse quedado acostada y dejar a la otra persona vivir sus propias consecuencias, pero ella cree que puede hacer algo para salvar la situación. Esto la pone en el lugar de víctima, y no es que lo sea, sino que ella adopta esta actitud.

### *Tener miedo a cometer errores*

La persona codependiente siente que tiene que ser perfecta para ser aceptada. Cree que cualquier detalle que haga mal la hará menos apta para ser amada. Entonces, hace las cosas para la otra persona buscando una perfección que no existe. Somos humanos y todos cometemos errores; nadie es perfecto; no obstante, ella siente que tiene que lograrlo tanto en su persona como en la vida diaria: preparar la comida, realizar una actividad, escribir algo. Quiere ser perfecta en todo y no fallar nunca; esta es una presión fuerte de soportar.

### *No saber tomar decisiones*

Una persona codependiente le cuesta trabajo tomar decisiones, porque, al buscar ser perfecta, es difícil distinguir qué es lo que quiere: la ropa que quiere usar, los aspectos trascendentales en su vida, en qué quiere trabajar, en qué invierte el dinero… Todo es complicado para ella; no logra decidir qué hacer para seguir manteniendo su imagen perfecta. A esto se suma su baja autoestima y lo difícil que es para ella resolver cuestiones verdaderamente importantes. Un ejemplo es Rosana, que cuando fue con el pediatra de sus hijos y este le hizo preguntas, se sintió tan insegura para contestar que se apoyó en una amiga que la acompañaba; al final, el pediatra terminó preguntándole en forma directa a la amiga, como si la mamá que estaba todo el día con ellos no supiera qué sucedía con sus hijos. Después se dio cuenta de lo absurdo de la situación, pero su inseguridad no le permitió actuar de otra manera. De ahí la relevancia de preguntarse qué queremos, qué nos gusta y quiénes somos para poco a poco ir ganando seguridad.

### *Sentir culpa*

El codependiente confunde el tener responsabilidad sobre algo y tomar acción con la culpa: si el matrimonio no funciona, siente culpa aunque haya hecho lo imposible para que todo marchara bien. Siente culpa por los resultados de muchas situaciones en las que, tal vez, no tenía ni el control ni dependía de él; por ejemplo, si su pareja se emborracha y hace el ridículo, siente culpa; si su pareja es un jugador y le debe a todo el mundo, siente culpa; si uno de sus hijos hace cosas mal, siente culpa. No sabe definir entre lo que en verdad le corresponde y puede hacer algo al respecto, o bien, en lo que no tiene injerencia alguna y asimila las culpas de otros. Mientras que no diferencie entre lo que sí puede cambiar y lo que no puede controlar y tome las decisiones acertadas, seguirá acumulando culpas.

### *Pensar que la vida no tiene sentido*

Volvamos al caso de Isabel, cuya experiencia nos sirve de ejemplo de esta situación. Cuando ella ingresó a una clínica la primera vez, su pensamiento obsesivo-compulsivo le repetía de manera constante que en la vida solo nacíamos para morir; no le encontraba sentido a su vida. Se reprochaba que hubiera traído cuatro hijos a sufrir a este mundo. Desde esta postura, podríamos suponer que es más difícil encontrarle sentido a la vida. La oración de la serenidad marcó la diferencia para ella al empezar a entender que sí podía cambiar y en qué. Comenzó, entonces, a disfrutar más su vida: dónde quería trabajar, qué quería compartir con sus hijos, qué comer, a dónde ir... Poco a poco, fue siendo más feliz. El sanar le imprimió gozo y sentido a su vida.

### *Brindar apoyo y elevar autoestima*

El codependiente siente que vale solo cuando lo vive a través de otro; en el momento en que ayuda a otro o hace algo por otro, se siente útil y valioso. Esto puede ser engañoso. El filósofo irlandés George Berkeley se preguntaba que si un árbol caía en un bosque y nadie estaba cerca para oírlo, ¿hacía algún sonido? Según su teoría idealista, todo lo que recibimos es realmente tal como lo percibimos. Esto describe con claridad lo que el codependiente siente. Si no hay nadie que le diga que es buena persona, entonces él cree que no es buena persona. Necesita hacer algo por alguien para ser apreciado y que le expresen que es buena persona. No depende de él mismo esta percepción, sino de los demás. Mientras no aprenda que estar bien con él mismo es suficiente, que puede escuchar solo caer el árbol y con su propia percepción decidir que el árbol cayó. Si no necesita que nadie más lo aprecie o se lo exalte para sentirse buena persona, entonces podrá empezar por él mismo sin que tenga que ayudar a quienes lo rodean para sentirse buena persona.

### *No acercarse a gente sana que sepa amar*

Esta es la peor parte de la codependencia, porque muestra a una persona impedida para dar amor, egocéntrica, que solo quiere cosas para ella y decide quedarse a como dé lugar con alguien para que la quiera como ella lo desea. Esta actitud es sumamente enfermiza, porque nadie puede decirle al otro cómo amar o cambiar su forma de ser. Cuando alguien es consciente de que le encanta que la abracen o le tomen la mano al caminar, ¿por qué elige a una persona que no le gusta hacerlo? Ahí empieza la obstinación de pretender que alguien se comporte como no le gusta. Esto constituye una parte esencial de toda recuperación: aceptar al otro como es y no tratar de cambiarlo. Si no se puede con ello, entonces lo más sano es no quedarse con alguien que no puede darnos lo que emocionalmente nosotros necesitamos. Así, evitamos el dolor de las dos partes.

### *Demostrar lo suficientemente bueno que se es para ser amado*

El codependiente trata de ser amable, no contradecir y no pelearse con tal de demostrar que es una buena persona. Soporta el abuso, incluso, para conseguir que lo amen. No se da cuenta de que si se acerca a una persona que no sabe amar, entonces haga lo que haga no lo logrará y, al final, se sentirá más devaluado. Por lo tanto, bajará su autoestima y será más doloroso porque se sumergirá en un círculo vicioso para probar hasta el cansancio que vale y merece ser amado.

### *Obsesionarse por otra persona*

La persona codependiente consume personas en vez de drogas o alcohol. Cuando se obsesiona por alguien, lo tiene constantemente en la mente y hace lo que sea por mantenerlo, y algunas veces sus acciones lo alejan más, porque se tornan absurdas. Es el caso que mencionamos de Marisa, que estaba en el trabajo y se enteró de que era el cumpleaños de su pareja y se salió a buscar el regalo perfecto, sin importar el riego de perder su empleo.

### *Ignorar los problemas*

Con tal de seguir con la persona de su obsesión, el codependiente hace cualquier cosa, como quedarse en la negación, fingir o ignorar todo problema que aparezca. Subestima sus sentimientos si la otra persona la daña. Prefiere que la lastimen una y otra vez con tal de no perderlo. Le causa dolor pensar que puede perder a la persona de su obsesión. Magda nos contó que se enteró de que su novio estaba en un antro y ligó a una mujer; la besó y terminó yéndose con ella. Las amigas le contaron lo sucedido, y ella prefirió ignorar la situación con tal de no afrontar la pérdida; decidió seguir así y esto marcó el resto de su relación: engaños continuos ante los cuales ella actuaba como si no pasara nada.

### *Pretender que las cosas no están tan mal*

El codependiente tiende a minimizar las cosas para seguir con la relación. Tiene más miedo de perder a la persona que no le importa seguir con su vida ingobernable: no pasa nada si su pareja siempre está de malhumor, si no hay dinero, si le grita, si la ignora, si le es infiel…

### *Sentir confusión*

El codependiente, con su baja autoestima, cree en todo lo que le dicen; entonces se confunde y ya no sabe cuál es la verdad. Tiene una falta de conexión consigo mismo y no se conoce, así que deja con facilidad que los sentimientos de otros lo gobiernen. Por lo tanto, su vida se vuelve confusa. Necesita conocerse para dejar el desconcierto atrás.

### Deprimirse constantemente

Este padecimiento es uno de los mayores problemas del codependiente. Muchas veces no sabe con exactitud por qué se siente triste durante periodos prolongados. Entonces se vuelve costumbre el tomar medicamentos e ir al psicólogo; sin embargo, si no combate la raíz, difícilmente la depresión se irá. O podrá desaparecer por tiempos cortos, pero al final volverá, ya que trata los síntomas y no la causa: terapia ocupacional, terapia de pensamiento positivo, medicamentos para la depresión..., esto solo ocasiona que la enfermedad persista y no se ponga un alto real.

Es fácil deprimirse cuando se está confundido y con falta de conexión consigo mismo. Al codependiente lo invade una tristeza profunda porque su vida no depende de él, sino de lo que el otro quiere o hace. Siente que su vida no le pertenece y esto lo deprime. No logra entender su sentimiento ni llegar al fondo del asunto, porque no sabe lo que está pasando. Ir con psicólogos ayuda en forma momentánea, pero al final no funciona, vuelve a deprimirse. Si no acude a una terapia adecuada y hace un verdadero inventario de su situación, seguirá viviendo en la negación.

### Tomar medicamentos antidepresivos

Una de las salidas más recurrentes para un codependiente es tomar medicamentos que le encubran el dolor, pero esto complica a la larga más su situación, porque después puede no solo ser codependiente, sino caer en adicciones cruzadas y hacerse adicto al medicamento contra la depresión, sobre todo si son benzodiazepinas, altamente adictivas, que sí mitigan el dolor, pero al final terminan haciendo adicto al paciente. Los psiquiatras deben estar enterados de qué es la codependencia, porque si solo le prescriben al paciente un medicamento para contrarrestar la tristeza o ayudarlo a dormir, no están atacando el problema de raíz y, con el tiempo, puede resultar peor y alargar la agonía.

### *Asistir a terapia para tratar su depresión (no enfocarse en la causa real)*

La terapia prolonga la agonía en los casos de codependencia. Martha, una mujer que había vivido durante años en una relación que la dañaba, decidió pedir la ayuda de una psicóloga. Durante años estuvo acudiendo a terapia, pero lo que resultó de ello fue no darse cuenta de que era su responsabilidad lo que estaba pasando. El acercamiento con la psicóloga, que sabía poco o nada de la codependencia, no fue la mejor decisión. La angustia sin final le provocó anorexia. Cuando llegó a un punto extremo, se internó en una clínica en la que descubrieron que su problema real era la codependencia; hasta entonces recibió la ayuda adecuada y fue consciente de que estaba casada con una persona que siempre la veía hacia abajo, la maltrataba y controlaba a tal grado que ella ya no sabía quién era. Cuando salió de la clínica, siguió el tratamiento adecuado para su codependencia y estuvo bien, con todo y que no dejó a su pareja, pero logró ser ella, creer en ella y sacar lo mejor. Martha empezó a ser autosuficiente y vivir su vida, sin engancharse en lo que su pareja decía y hacía; alcanzó la paz.

### *Creer las mentiras con facilidad*

Para el codependiente es muy fácil creer las mentiras con facilidad, porque, al no conocerse, cree en todo lo que le dice la persona en quien tienen fijada su codependencia. Por alguna razón, lo que la otra persona le afirma es de mayor valor para él que lo que su sexto sentido le comparte. No sabe escuchar su voz interior y, si lo hace, le resta valor.

### *Sentir que pierde la razón*

El mundo del codependiente gira alrededor de otra u otras personas; esto le provoca un especie de caos al verse impedido de controlar a otros. Su vida se vuelve ingobernable y no alcanza a entender por qué. Es el caso de Rebeca, quien creía fielmente en lo que su esposo le decía de ella y cuáles eran sus intenciones. Ella dudaba de sí misma; perdió la línea que separaba lo que le aseguraba su esposo y la realidad. Todo era confuso par ella; no podía distinguir lo que estaba sintiendo en verdad, ya que estaba sumergida en una total desconexión interior.

Después de compartir estas experiencias sobre el significado de la codependencia y las características del codependiente, es conveniente señalar que la codependencia es una enfermedad crónica, progresiva y mortal. Nunca se cura totalmente, pero sí podemos aprender a vivir con ella. Se dice que nos recuperamos de la codependencia porque en realidad recuperamos nuestro verdadero ser. Regresamos a actuar y a tener la libertad que antes teníamos. Nos recuperamos como personas. En los siguientes capítulos abordaremos las formas en que podemos recuperarnos y volver a ser nosotros mismos. Cómo encontrar esa conexión con nosotros mismos, conocernos y, así, poder tomar nuestras propias decisiones y, lo más importante, vivir en libertad, paz y serenidad como una promesa para una vida mejor.

# La recuperación

La recuperación es maravillosa; nos da una libertad que no tiene precio, porque con ella viene la paz y la serenidad. La recuperación empieza por buscar ayuda en el lugar correcto ante la imposibilidad de tratar de mantenernos con alguien que nos causa más dolor que tranquilidad y felicidad.

En mi caso, el inicio de la recuperación inició en una clínica de adicciones, anorexia y codependencia llamada Casa Luha, donde me enseñaron cómo funciona el programa de los doce pasos. Ello significó asimilar el programa de Al-Anon y de CoDa (Codependientes Anónimos), e ir a terapia con un especialista en codependencia. Los doce pasos de Al-Anon, más las tradiciones y conceptos, cambiaron mi vida: me enseñaron a vivir empezando por lo más importante. Los tres primeros pasos me revelaron que soy impotente ante el comportamiento de otro; después me convencí de que sola no puedo y necesito ayuda. Es muy difícil recuperarse sin el apoyo de alguien y de nuestro poder superior. Es necesario tener un programa que nos funcione para sanar y de un padrino. Sin embargo, lograr sanar sí depende de mí misma, yo debo quererlo, yo debo luchar, yo debo seguir el programa, pero los de mi grupo y mi madrina van de la mano conmigo. Es un acompañamiento.

Es importante ser conscientes de que la sanación no se logra con un reiki, una imposición, un curandero, un chamán, una lectura del tarot, imanes en el cuerpo. Todo eso yo lo intente y así podría seguir mencionando "soluciones" ficticias.

Ninguna terapia puede funcionar si no tomamos conciencia. Solo esta nos puede retirar de la enfermedad y del sufrimiento, porque somos lo que sentimos y pensamos. De ahí que es muy difícil cambiarse a uno mismo. Para lograrlo, debemos hacer conciencia de nuestro potencial, nuestra fuerza interna y dejar de percibirnos como víctimas.

Una persona codependiente, por su baja autoestima, va por la vida preguntando ¿qué debo hacer? Estoy sufriendo mucho por culpa del otro, pobre de mí. Nunca debemos entregar nuestra vida en las manos de otro. No somos responsabilidad de otro; únicamente de nosotros mismos. Dejemos nuestro papel de víctimas, de pedir compasión, porque nos inmoviliza y nos impide cambiar nuestras circunstancias. Convierte nuestra vida en una constante tragedia que nos aleja de la sanación.

Lo primero que tenemos que comprender es que nada fuera de nosotros mismos nos puede enfermar; nadie puede resolver nuestros problemas. Debemos fortalecer nuestra autoestima y empoderarnos. Reconocer qué nos vuelve aprehensivos, apegados, miedosos, es decir, codependientes, y luego entonces poner en orden nuestros sentimientos para entendernos. Al identificar lo que sentimos en realidad, podemos decidir cómo queremos actuar ante tal sentimiento.

Al cambiar, dejamos de ser víctimas y nuestra relación de pareja sanará. También podemos tomar la decisión de seguir con nuestra pareja o separarnos, llegar a acuerdos, poner límites, en conclusión, dejar de ser "la víctima". Solo nosotros mismos podemos generar la solución y, para ello, debemos trabajar para elevar la autoestima, fortalecer la seguridad, ahuyentar los miedos...

Aquí vale la pena hablar de nuevo de Mercedes. Antes de tener conciencia de su codependencia, ella lloraba por su situación matrimonial; sentía que su vida era un martirio, pero no dejaba a su esposo porque no podía hacer nada sin él; cómo les haría eso a sus hijos. Ella estaba sumergida en su papel de víctima y se autocompadecía a un grado paralizante. Poco o nada podía hacer. Ella esperaba que algo externo la sanara, que alguien se hiciera responsable de su vida, que alguien borrara su sufrimiento de sentirse desgastada, abusada y manipulada. En un momento en que fue totalmente incapaz de tomar las riendas de su vida, empezó a trabajar consigo misma, a reconocer lo que sentía, lo que quería, sus defectos. Entonces los cambios afloraron y tomó el control de su vida.

# Programa de los doce pasos

Este programa es fundamental para lograr salir de la codependencia. Hay evidencia que funciona realmente y nos puede traer paz. Veamos paso por paso:

**1** *Aceptar que no tenemos poder sobre otros y que nuestra vida se ha vuelto ingobernable*

Cuando estamos en una relación codependiente, la vida gira alrededor del otro sin importar si lo que hace este es bueno o malo. Cuando un codependiente se involucra con una persona que tiene problemas de adicción, de control, de abuso, entonces la situación empeora, porque ya no solo se trata de vivir dependiendo del otro, sino vivir en una relación enfermiza que daña. Aun cuando el dolor puede llegar a ser insoportable, el codependiente se queda en la relación con la esperanza de que la otra persona va a cambiar o porque cree que no puede sobrevivir sin ella, o porque hay cosas que los unen, por ejemplo, los hijos.

Al inicio hablamos de Sonia, una mujer que estuvo veinte años en una relación que solo la dañaba, iba a terapia, intentaba todo por ser feliz. El marido abusaba de ella con maltrato verbal, emocional, sexual, económico, pero ella decidió que lo mejor era quedarse para no dañar a sus hijos con una separación. No obstante, la relación era tan inestable que los hijos sufrían mucho y sentían la inseguridad que sus papás les causaban; nunca sabían qué iba a pasar al día siguiente, desde lo más simple (como ir a comer juntos, o no, si iban a salir de vacaciones) hasta lo más importante (si iban a poder pagar el colegio o la comida, el doctor, el dentista...). A pesar del caos, Sonia seguía cediéndole su voluntad a él.

Algunas veces, los codependientes se quedan porque prefieren la negación. Es muy difícil para cualquier persona admitir que se equivocó o que su vida es una confusión total. Incluso cuando hay un cambio fuerte en nuestra vida, por ejemplo, un duelo, nos podemos quedar en la negación. Para salir de ella hay que entrar en el enojo. Cuando tocamos fondo y nos damos cuenta de que nuestra vida se ha vuelto ingobernable, entonces llega el coraje, la ira; este es el primer paso para sanar, aunque para llegar a él pueden pasar años.

Sonia permaneció veintitrés años en la negación. El abuso que vivió por parte de su esposo rebasaba los límites de lo emocional, psicológico y sexual, pero ella lo ignoraba, prefería pensar que no pasaba nada. Sin embargo, un día su esposo comprometió la tranquilidad financiera no solo del hogar, sino también de la familia de ella, al grado de involucrarlos en problemas legales. Sus padres y hermanos la confrontaron y recorrieron el velo de la negación en la que estaba liada. Se enojó, lloró, trató de negociar con él, pero nada funcionó. Entonces, llegó la tristeza y empezó a ir a un grupo de codependencia. Finalmente, vino la aceptación acompañada de la paz y la serenidad.

El codependiente es obsesivo-compulsivo, por lo que tiende a buscar a la persona de su obsesión, como si fuera a morir si no la encontrara. La falta de tolerancia a la frustración genera que el codependiente sienta que no va a poder resistir el dolor de perder a la persona de su obsesión; es un miedo que lo paraliza.

Para tomar conciencia hay que conocernos a nosotros mismos primero. El codependiente no presta atención a sus necesidades; entonces, cuando alguien le dice que no lo acepta, su mundo se viene abajo. Para conocernos tenemos un termómetro muy útil, que son las emociones. Estas nos ayudan a reconocer lo que nos gusta y no. Es importante hacer un análisis de nosotros mismos, de nuestra identidad, nuestra visión del mundo, nuestras metas, valores y expectativas. Decidir qué cosas negativas de nosotros sí nos pertenecen y las demás, tirarlas a la basura.

Hay que hacer un inventario de nosotros mismos y examinar en detalle lo que pensamos, sentimos y queremos, y a partir de ahí establecer límites. Debemos celebrar lo bueno que tenemos y nuestras expectativas y metas. Si tenemos claro esto, cuando nos relacionemos con cualquier persona pronto no daremos cuenta si coincidimos con ella, si comparte nuestros valores y podremos llegar a crear una relación sana, pero si hay diferencias irreconciliables, también podremos desde un principio soltarlo, desprendernos antes de que produzca dolor.

Para ilustrar lo anterior volveremos a referirnos a Sonia. Ella tiene un amigo que ha sido su compañero de recuperación. Él también tiene ciertas características de un codependiente, pero lleva más tiempo en recuperación. Cuando ella ingresó a la clínica, él fue su padrino. Es su amigo desde la infancia, la conoce tan bien que difícilmente lo puede engañar; él no se lía en los temas y observa las cosas con mayor claridad que ella. Después de que Sonia salió de la relación en la que estuvo más de veinte años, se sentía muy bien consigo misma; estuvo sola durante cuatro años; vivía en paz y serenidad hasta que conoció a otro hombre de quien se volvió a obsesionar y cayó en la misma situación enfermiza que la anterior. Él, desde el primer día, le aclaró que no podía darle lo que ella quería, pero esta se aferró en convencerlo e ignoraba lo que le decía.

Una vez más, Sonia trató de controlar el resultado, manipulaba y chantajeaba para hacer que el otro cambiara, pero esta vez fue peor, porque era consciente de lo que estaba sucediendo; no le gustaba cómo se estaba tornando la relación, pero aun así insistió, porque pensaba que era peor el dolor de perderlo. Ella lloraba y lloraba por la frustración de no poder conseguir lo que quería; seguía las mismas pautas de su relación anterior. Haría cualquier cosa con tal de que no se fuera, porque en su mente veía que él podía ser lo que ella necesitaba. Tantos años de programa y olvidó que no podía cambiar a otro y no podía hacer que la amara como ella lo deseaba.

Su amigo platicó muchas veces con ella con toda la paciencia que le ha provisto la experiencia. Trató de hacerla entender que no era la otra persona, que era ella sumergida en su sueño una vez más. La persona que ella había elegido esta vez estaba indispuesta emocionalmente y le ofrecía una relación de una vez al mes, ya que su hija y su mama le absorbían todo su tiempo. Sonia creía que él no se daba cuenta de que ella era en realidad lo que necesitaba; era una mujer preparada, que hablaba tres idiomas, lo podía acompañar a cualquier actividad, elegante o no; era una persona con educación y estudios.

Ella idealizaba la relación y trataba de convencer al otro con cualquier estrategia: manipulando, chantajeando, controlando, pero, al no conseguir nada, se frustraba y lloraba. Entonces fue cuando su amigo le puso el ejemplo de los teléfonos: su pareja tenía un teléfono negro y Sonia, uno blanco. Su amigo le expresó:

Lo que esta persona tiene son las cualidades del teléfono negro y es lo único que puede dar en una relación, no tiene más. En cambio, tú tienes las cualidades del teléfono blanco. Ninguno de los dos son malos, ni buenos, simplemente son lo que son, son diferentes. Tú quieres que él se convierta en un teléfono blanco con chantajes y manipulación o estás dispuesta a convertirte en el teléfono negro con tal de que no se vaya, pero las cosas no funcionan así, tú no lo puedes cambiar ni controlar y si, en cambio, ignoras tu esencia para convertirte en teléfono negro, solo te infligirás dolor.

En ese momento, Sonia lloró mucho y regresó al paso uno, es decir, aceptar que era incapaz ante otros y que su vida se había vuelto ingobernable. Después de un tiempo, admitió que había recaído; con el ejemplo tan claro que le había mostrado su amigo no había forma de que siguiera en la negación. Nunca iba a poder convertir el teléfono blanco en negro. Reconoció que no era Dios y que debía aceptar lo que la gente pudiera darle y disfrutarlo; no tratar de manipular para que se queden o para que le den más de lo que ellos o ellas puedan. Aceptarlos como son y aceptarse como es ella. Dar lo que puede sin quedarse sin nada. Amar sin expectativas. Hoy Sonia vive con mayor paz.

## 2 Creer que un poder superior puede devolvernos el sano juicio

Una persona codependiente es igual que un adicto, solo que su droga se desprende de las relaciones con otros seres humanos. Es importante tratarlo como cualquier adicción y seguir con atención los doce pasos que exponemos aquí. En el primer paso admitimos que somos incapaces ante otros y que nuestra vida se ha vuelto ingobernable. Volvamos al caso de Bertha, cuya autoestima fue originada por el abandono de su padre. Con el paso del tiempo, ella se volvió codependiente; aceptaba cualquier cosa que su pareja le decía y le creía como si fuera la verdad divina. Cuando empezaron su relación, él le comentó que, por no pertenecer a su misma clase social, no la podía aceptar y menos presentar como su pareja ante la gente. Ella, como no sabía lo que quería, lo aceptó y, lo peor, creyó que valía menos que él. Él contaba lo que sucedía desde su verdad y ella, aunque su percepción fuera distinta, no se atrevía a manifestarlo, porque ni siquiera estaba segura de que ella pudiera tener una verdad y menos que la de él no fuera la ley absoluta.

Al paso del tiempo, la pareja de Bertha le negó el manejo de los gastos del hogar, porque, según él, no era muy hábil con el dinero. Con todo y que los sentimientos que le causaba su marido eran negativos, sentía ansiedad, angustia, miedo y empezó a padecer enfermedades psicosomáticas, Bertha no hizo nada sino hasta que la situación se volvió insostenible y ella despertó de este letargo de años.

Maribel es un caso más de codependencia. Es la única hija mujer de la familia y su padre se hizo cargo de ella a partir se refleja en los pequeños detalles, en nuestro grupo, en cada ser humano, en el destino, en la naturaleza, en el trabajo, en cualquier cosa buena por más pequeña que sea.

Una forma de descubrir a ese poder superior es haciéndonos las siguientes preguntas:

- ¿Cómo percibía mi poder superior en mi infancia?
- ¿Cómo fue cambiando la percepción de mi poder superior durante mi vida?
- ¿Qué testimonio tengo sobre un poder superior en mi vida?
- ¿Qué cosas he puesto en manos de mi poder superior hasta hoy?
- ¿Cuál es la oración o meditación que utilizó para comunicarme con mi poder superior y cada cuánto lo hago?
- Cuando algo me preocupa, ¿lo pongo en manos de mi poder superior?
- ¿Hay cosas que aún me detienen para confiar cien por ciento en el poder superior?
- ¿Cuáles son mis prioridades en la vida?
- ¿Qué situaciones me causan más alegría y cuáles mayor tristeza?
- ¿Cuándo me siento con mayor calma y serenidad?
- ¿Cómo utilizo la oración de la serenidad en mi vida diaria?
- ¿Hay situaciones en mi vida que me dan culpa o vergüenza y no me atrevo ni a compartirlas con mi poder superior?
- ¿Cómo percibo la manifestación de mi poder superior en mi vida diaria?
- ¿Cómo percibo que me demuestra su amor mi poder superior?

- Con estas preguntas, ¿qué he aprendido acerca de la relación que tengo con mi poder superior?

## 4 Sin temor, hacemos un sincero y minucioso examen de conciencia

Este paso es esencial para el cambio de un codependiente. No podemos dejar de trabajar en este aspecto hasta que estemos seguros de que sabemos quiénes somos. No importa el tiempo que tardemos en hacerlo. Este ejercicio nos va a revelar quiénes somos para no ir como veletas por el mundo.

Después de recorrer los tres primeros pasos y adquirir la conciencia de que sí podemos salir de la codependencia, en el cuarto paso logramos conocernos mejor y reconocer los principales problemas que nos ocasiona nuestro pensamiento obsesivo-compulsivo, la falta de tolerancia a la frustración, la ansiedad y la confusión. El mayor problema del codependiente es que no se conoce, no sabe cuáles son sus límites, porque no sabe qué siente, quiere o piensa. Cuáles son sus valores y planes futuros. El cuarto paso para los codependientes no solo significa ver cómo ha vivido, sino cuáles son sus defectos de carácter.

Un codependiente, al no conocer lo que siente, piensa y quiere, entonces es como un libro con las hojas en blanco, en el que cualquier persona puede escribir lo que quiera, como si tuviera derecho de hacerlo; el libro de nuestra vida solo lo podemos escribir nosotros, con nuestra verdad. Nadie debe escribir en él, porque se vuelve confuso; sin embargo, el codependiente deja que otros lo hagan y lo toma como suyo y se adapta.

Cuando la persona escribe su libro y en él revela sus sentimientos y emociones, sean estas positivas o negativas, entonces podrá marcar sus propios límites. En esta etapa afloran sus creencias, valores, gustos. Sentirá el dolor de una relación que no funcionó, pero luego sanará y seguirá su vida sin ataduras enfermizas.

Sin duda, no es lo mismo estar en una relación que empieza que en una en la cual se ha permanecido más de veinte años, durante los cuales se han ido acumulando heridas y se ha ido desmoronando el castillo de sueños con la familia perfecta que creamos en nuestro imaginario. Por eso, el examen de conciencia de este cuarto paso nos da la esperanza de tener paz y serenidad, y también de entablar relaciones sanas. Cuando alguien llegue a nuestras vidas, sabremos si será la persona que nos respete y nos ame tal cual somos.

Para este cuarto paso, podemos empezar por elaborar un inventario personal con nuestras emociones, valores, autoestima, pero también con nuestros defectos e inseguridades. Si somos conscientes de cómo nos sentimos, entonces vemos en qué situación estamos bien o mal y cuál es el origen.

Existen varios defectos de carácter; por ejemplo, nos podemos preguntar ¿soy soberbio? ¿Soy perezoso? ¿Buscó la satisfacción sexual superficial? ¿Me gusta acumular lo material? ¿Quiero apoderarme de lo que hay alrededor sin importarme lo que las otras personas necesitan o si están bien? Ante el enojo, ¿exploto en ira? ¿Pierdo la compostura por no poder modular mis emociones? ¿Dejo que la emoción del otro maneje la mía? ¿Tengo envidia de lo que los demás viven o tienen? Al tener envidia, ¿dejo de darme cuenta de que está en mí el tener lo que quiero?

Él o la codependiente, como tiende a establecer relaciones disfuncionales, entonces ve perfectas las relaciones de los demás y le da cierta envidia, pero no es capaz de darse cuenta de que él o ella está en esa relación porque quiere y porque no pone límites para evitar el abuso.

Podemos dividir este cuarto paso en tres partes: la primera es reconocer cómo nos sentimos; la segunda, aceptar nuestro carácter; y la tercera, y la más importante, identificar qué es lo que deseamos, lo que pensamos, cuáles son nuestras metas, objetivos y valores. Esto tiene la finalidad de no permitir nunca que alguien más escriba nuestra vida, ya que solo nosotros somos los responsables de hacerlo.

Los adolescentes, por ejemplo, en algunas ocasiones no ponen límites cuando se sienten presionados socialmente y beben de más; no son conscientes si para ellos está bien o mal, cuántas copas son las adecuadas. Lo mismo sucede con las relaciones sexuales, a qué edad deben iniciar, con quién, qué esperan de su novio o novia. Son preguntas que muchos adolescentes no se hacen; por lo tanto, no saben cuál es el límite. Tampoco miden los riesgos ni reconocen lo que está bien o mal. Es importante fomentar en nuestros hijos e hijas preguntas que los hagan reflexionar y los ayuden a establecer términos en su vida.

Cuando hemos vivido durante tantos años en un estado de codependencia, al convertirnos en adultos se nos dificulta reconocer nuestros límites. Esto ocurre porque llevamos muchos años viviendo como los otros quieren que vivamos, pero nunca es tarde para hacer este cuarto paso y entender nuestras emociones, cómo queremos reaccionar ante ellas, hacer conciencia de lo que queremos, nuestros valores, objetivos, a dónde queremos llegar. Una vez que lo hagamos, entonces pondremos límites y dejamos de aceptar lo que para nosotros es inadmisible.

Si somos conscientes de lo que queremos, resulta difícil que alguien nos hiera; en realidad nosotros somos los que nos lastimamos al no poner límites. Como adultos, nos debe quedar claro qué nos corresponde a nosotros y qué a los demás. En la codependencia se hacen evidentes dos problemas: tratar de hacer cosas por otros para que nos amen y permitir que nos ordenen hacer cosas que no nos conciernen.

En toda relación siempre se debe hablar desde el inicio de las expectativas de cada uno y de lo que esperamos; así es más fácil saber si se comparte la misma percepción de la vida.

En este paso es importante dedicarle un espacio a las emociones, a los valores, a los objetivos y metas, a la sexualidad y a las adicciones para conocer el grado de nuestra codependencia.

### Las emociones

No es fácil salir de una relación nociva porque es una especie de remolino que nos mantiene dentro de la tormenta y no nos deja vislumbrar la salida. Es fuerte la inercia que se vive en una relación de codependencia; dejamos de sentir nuestras emociones porque vivimos la vida que otros nos han marcado; nos hemos dejado gobernar hasta en nuestros aspectos más íntimos. Para lograr salir de ello, lo primero que debemos hacer es tener conciencia de lo que sentimos. La emoción nos habla de lo que está pasando en nuestras vidas; también nos comparte el estado de ánimo de las otras personas. Para un codependiente, esto resulta muy valioso, porque lo sensibiliza acerca de las emociones que le producen los otros y cómo le afectan.

Las emociones nos ayudan a percibirnos; es muy importante que no nos dejemos llevar más por lo que los otros sienten que por lo que nosotros sentimos. ¿Cómo me siento yo? ¿Con tristeza, alegría, miedo, felicidad o vergüenza? Si somos conscientes de que la relación con nuestra pareja está llena de miedo o tristeza, entonces es más fácil alejarnos.

Magda vivió durante veinte años en una relación en la que imperaba el desamor, el abuso, la desconfianza y el miedo. Ella vivía anclada en el temor. Si iba al gimnasio, su esposo se enojaba y hurgaba en su teléfono o computadora con el afán de encontrar alguna evidencia que justificara su enojo. Si ella hablaba con algún amigo, se enfurecía y la atacaba durante semanas. Ella no era feliz al lado de él; vivía siempre con zozobra. Este sentimiento debió haberle develado que algo estaba mal en la relación, pero se quedó así veinte años, esperando que algún día todo cambiara. Cuando tocó fondo, se internó en una clínica de codependencia en la que aprendió a meditar y a conectarse con ella misma. Descubrió que ningún sentimiento es malo, que es solo una señal de lo que está ocurriendo y que nos ayuda a decidir qué camino tomar.

Una persona sana emocionalmente experimenta como una espiral todos los sentimientos que surgen en una determinada situación, y reaccionan como quieren ante la emoción. Si alguien la insulta, se enoja, es decir, reconoce su enojo y decide cómo actuar ante este. Si sufre una pérdida, se pone triste y decide qué hacer. El codependiente no reacciona así, porque se ancla en una emoción, que puede ser el miedo, la tristeza, la depresión o la ira.

Este cuarto paso debe hacernos conscientes de lo que somos, de lo que queremos, de nuestras metas y esperanzas. El codependiente, al no tener conciencia de lo que en verdad desea, puede ir deambulando por el camino que el otro le marque.

### Cuestionario para el codependiente

El codependiente necesita tener claro qué siente en cada situación para identificar si está contento, enojado, avergonzado o triste; así sabrá si esa situación corresponde a lo que quiere vivir. Una vez que sea consciente de sus emociones, entonces puede hablar con certeza de lo que quiere, reconocer cuál es su responsabilidad, en qué tiene autoridad, en qué puede delegar y en quién puede confiar.

Una vez que tenemos claro en cada circunstancia lo que estamos sintiendo, es un buen momento para trabajar los defectos de nuestro carácter, y tener en cuenta que estos no solo afectan a los demás, sino también a nosotros mismos:

- ¿Estoy siendo honesto conmigo mismo y con los demás?
- ¿Creo en mí mismo?
- ¿Cómo está mi autoestima?
- ¿Me acepto como soy?
- ¿Vivo con miedo?
- ¿A qué le tengo miedo?
- ¿Puedo hacer algo que me deje de hacer sentir este miedo?
- ¿Vivo enojado?

- ¿Desquito mi enojo con personas que nada tienen que ver?
- ¿Tengo resentimientos que no puedo superar?
- ¿Qué tanto me dañan esos resentimientos?
- ¿Vale la pena lo que sufro por el resentimiento a otra persona?
- ¿Habrá forma de que me enfoque más en mi propia vida para que deje de pensar en el resentimiento hacia los demás?
- ¿Justifico en vez de aceptar mis errores?
- ¿Disculpo a otros con tal de no perderlos?
- ¿Controlo a otros para que hagan lo que yo creo que tienen que hacer?
- ¿Trato de controlar los sentimientos de otros para que me amen?
- ¿Manipulo o utilizo chantaje para lograr lo que quiero?
- ¿Comunico directamente lo que quiero?
- ¿Me quedo callado con tal de no hacer enojar a nadie?
- ¿Siento vergüenza por cosas que he hecho en mi vida?
- ¿Me cuesta trabajo perdonarme algunas cosas en mi vida?
- ¿Dejo que mis amigos decidan por mí?
- ¿Hago cosas que no me gustan con tal de agradar a la gente?
- ¿Confío en mí mismo?
- ¿Confío más en los demás que en mí?
- ¿Cumplo con lo que me comprometo?
- ¿Pongo límites si alguien no cumple su compromiso?
- ¿Soy agradecido?
- ¿Reconozco cuando alguien no está siendo agradecido conmigo?
- ¿Sé dar amor?
- ¿Sé reconocer cuando alguien no me está tratando con

amor?
- ¿Reconozco cuando intimido con alguien y en qué forma?
- ¿Reconozco qué es la intimidad?
- ¿Diferencio entre intimidad y sexo?
- ¿Siento que soy una persona con la madurez correcta para mi edad?
- ¿Se lo que quiero de la vida y lo que acepto y no de los demás?

## Cómo hacer un análisis de mi carácter

- ¿Soy una persona empática?
- ¿Soy una persona servicial?
- ¿Soy bondadoso con los demás?
- ¿Me considero servicial con los demás?
- ¿Me considero de mentalidad abierta para escuchar y aceptar a los demás?
- ¿Soy respetuoso de lo que sienten los demás?
- ¿Me considero paciente ante las cosas que pasan durante el día?
- ¿Soy tolerante a la forma de pensar de los demás?
- ¿Soy realista o vivo colgado de mis sueños?
- ¿Me considero una persona sensata?
- ¿Puedo mantenerme firme en mis decisiones?
- ¿Soy una persona que colaboró con los demás?
- ¿Me considero una persona extrovertida?
- ¿Soy una persona resentida?
- ¿Soy una persona demasiado confiada?
- ¿Me siento satisfecho con lo que soy y con lo que hago?
- ¿Me siento conforme con lo que tengo?
- ¿Me considero una persona alegre?
- ¿Me considero una persona cortés y educada?

- ¿Me considero amable?
- ¿Soy una persona discreta?
- ¿Soy una persona estable?
- ¿Me considero sincero?
- ¿Soy honesto con los demás y conmigo mismo?
- ¿Estoy abierto a aceptar cuando me equivoco?
- ¿Soy humilde?
- ¿Puedo mantener la calma en situaciones difíciles?
- ¿Soy una persona tranquila?
- ¿Me considero tranquilo?
- ¿Soy seguro de mí mismo?
- ¿Vivo la vida con fe y esperanza?
- ¿Puedo vivir en el hoy?
- ¿Me considero una persona trabajadora y dedicada?
- ¿Soy una persona que trabaja ahorita y no posterga las cosas?
- ¿Me considero una persona determinada?
- ¿Me considero responsable?
- ¿Cumplo con lo que me comprometo?
- ¿Digo que sí cuando quiero decir sí y no cuando quiero decir no?
- ¿Reconozco mis habilidades?
- ¿Utilizo mis habilidades?
- ¿Soy agradecido con Dios y con otros?

Estas respuestas nos harán conscientes de nosotros mismos y de lo que tenemos que trabajar. Es más fácil empezar por trabajar uno a uno; por ejemplo, si tengo mal humor o no soy agradecido, tratar de ser más empático poco a poco y apreciar nuestras conversaciones con las demás personas. Una vez que ya somos conscientes de nuestro carácter y de lo que nos gustaría cambiar, entonces podemos pasar a nuestros valores y de ahí a nuestros objetivos.

## Los valores

Los valores son nuestra guía para conducirnos y relacionarnos con los demás. Reflejan lo que consideramos correcto. La persona codependiente, por lo general, no tiene claro cuáles son sus verdaderos valores. Algunos pasan su tiempo girando alrededor de la persona de su obsesión y pierden la visión de lo que ellos creen, piensan y sienten. Son capaces de dejar sus valores con tal de complacer a otro.

Hay personas que se acostumbran tanto a destinar todo su tiempo y energía en hacer feliz a otro, en controlarlo, en lograr que las quieran como ellas lo desean que pierden el punto sustancial: ¿qué es lo que ellas en verdad quieren? Dejan a un lado sus valores para mantener a alguien a su lado, ignoran lo que creen correcto y llegan a actuar en contra de sus propios principios.

El siguiente cuestionario nos ayuda a pensar y hacer un análisis para indagar cuáles son nuestros principios y cómo los ponemos en práctica. También es útil para aprender a actuar con integridad con base en nuestros valores. Esto es indispensable para que todo codependiente deje de serlo y pueda vivir plenamente su vida.

Con este cuarto paso nuestro sistema de valores se fortalece; es una especie de descubrimiento de lo que somos y tenemos, y de que no debemos dejarlo a un lado para agradar a alguien. Aprendemos a discernir sobre lo que consideramos correcto y a tomarnos tiempo para responder. Ya no es el <u>sí</u> automático, porque ahora sabemos muy bien cuáles son nuestros principios y los hacemos valer al actuar conforme a ellos.

Los valores orientan nuestro comportamiento y nos ayudan a preferir, apreciar y elegir unas cosas sobre otras. Nos da plenitud y satisfacción el poder decidir.

### Cuestionario de valores

- ¿Cuáles son mis valores?
- ¿Cómo los desarrollé?
- ¿Qué es la honestidad para mí?
- ¿Cómo muestro respeto a los demás?
- ¿Cómo me respeto a mí mismo/a?
- ¿Cómo demuestro gratitud?
- ¿Soy una persona leal? ¿Cómo y por qué?
- ¿Soy tolerante a lo que los demás piensan y hacen?
- ¿Me mantengo en lo que pienso y hago ante la presión social?
- ¿Soy solidaria, pero sin dejar de lado mis creencias?
- ¿Tomo mis decisiones libremente con base en lo que quiero y pienso?
- ¿Soy una persona bondadosa con los demás?
- ¿Lucho y hablo por lo que creo que es justo?
- ¿Creo en la igualdad de todos los seres humanos (no pongo a nadie arriba o abajo de mí)?
- ¿Hablo por lo que creo que es la verdad?
- ¿Soy valiente para tomar mis propias decisiones?
- ¿Reconozco mis cualidades? (nómbralas).
- ¿Me acepto como soy?
- ¿Qué me gusta más de mí?
- ¿Afectan mi autoestima mis relaciones amorosas?
- Elabora una lista de tus cualidades físicas y personales.
- ¿Me cuido físicamente?

- ¿Hago ejercicio?
- ¿Voy con el doctor cuando lo necesito?
- ¿Cuido mi higiene?
- ¿Cuido mi apariencia física?
- ¿Reconozco lo que más me gusta hacer?
- ¿Me dedico a lo que realmente quiero hacer?
- ¿Estudio y me preparo para lo que quiero hacer sin dejar que nadie influya en mí?
- ¿Hablo cuando tengo que hablar y escucho cuando tengo que escuchar?
- ¿Cuido mi imagen como yo la concibo?
- ¿Reconozco la imagen que quiero dar?
- ¿Convierto a las personas que admiro en semidioses?
- ¿Me enorgullece lo que hago?
- ¿Dejo que me ordenen y manipulen?

### Los valores y la sexualidad

Las decisiones sexuales entran dentro de nuestros valores. La sexualidad es parte de nuestro ámbito privado y nadie puede decidir por nosotros en este aspecto. La sexualidad tiene que ver con nuestros sentimientos y emociones. El sexo jamás debe ser un instrumento para retener a alguien, y nunca debe ser forzado. Es solo una parte que complementa el amor.

Es importante hablar de sexo con las personas de nuestra confianza y es sano formular preguntas. Incluso podemos abordar este tema con alguien que también esté en el programa de los doce pasos y que nos inspire confianza para hablar de sexo sin estigmas ni restricciones. Si nuestras experiencias sexuales son agradables, entonces tendremos una visión positiva. Para tener una idea clara de lo que significa para nosotros la sexualidad y no ceder por nuestra codependencia, resulta útil responder estas preguntas:

- ¿Cómo sientes que has cambiado últimamente?
- ¿Qué te gusta o te disgusta de tu cuerpo?
- ¿A qué edad crees que una persona pueda tener sexo?
- ¿En qué crees que se deba basar la decisión de tener sexo?
- ¿Crees que el amor es anterior o posterior al sexo?
- ¿Cómo te gustaría a ti que te demuestren el amor?
- ¿Tu pareja te demuestra el amor como tú quieres?
- ¿Qué esperas de una pareja?
- ¿Cómo te gusta a ti que te demuestren el amor?
- ¿Te sientes forzado a tener sexo para no perder a tu pareja?
- ¿Conoces las enfermedades sexuales y cómo evitarlas?
- ¿Sabes cómo evitar embarazos?
- ¿Hay respeto de ti a tu pareja y de él hacia ti?

### Valores acerca de las adicciones

Cuando una persona no tiene una postura clara ante las adicciones, es fácilmente manipulable y puede caer en ellas, ya sea en la drogadicción o en el alcoholismo. Una persona codependiente puede ceder a la presión de un amigo o de un grupo cuando le dicen "tómate otra" o "la última y nos vamos". Una persona segura de sí misma reconoce sus límites y tiene claro qué toma y cuánto sin sentir presión de nadie.

La comida es otro tema de consideración en la codependencia, en la cual la persona afectada puede caer en la bulimia o anorexia por su baja autoestima. Las siguientes preguntas pueden ayudar a conocernos mejor y establecer límites en este aspecto:

- ¿Qué es lo que más amo de mi persona?
- ¿Cuáles cosas me gustan y cuáles me disgustan de mi cuerpo?
- ¿Sé cuál es mi peso ideal médicamente?
- ¿Sé qué alimentos son sanos y buenos para mí?
- ¿Sé cuántas veces al día debo comer para mantenerme sano/a?
- ¿Cómo expreso el amor por mí mismo/a?
- ¿A qué edad considero correcto que una persona empiece a tomar?
- ¿Conozco los daños que el vino causa a mi organismo?
- ¿Sé cuántos vinos puedo beber sin que mi personalidad cambie?
- ¿Qué hago cuando una persona me dice que me tome otro vino?
- ¿Cuál es mi opinión sobre las drogas?
- ¿Sabes el daño que ocasionan las drogas?
- ¿Sabes las consecuencias que pueden tener las drogas?
- ¿Digo no cuando me piden algo que yo no quiero hacer?
- ¿Soy capaz de alejarme del lugar si están haciendo algo en lo que yo no concuerdo?

### Metas y objetivos

Los codependientes son capaces de dejar sus sueños y esperanzas por la otra persona. Son numerosas las historias de personas que abandonan sus ilusiones por hacer lo que sus parejas desean. Estefanía es una adolescente y una bailarina con mucho futuro. Sus posibilidades de obtener una beca para estudiar en Londres se desvanecieron cuando dejó de practicar la danza porque su novio le recriminaba que no podían verse tanto por el tiempo que le dedicaba. Ella cedió ante la presión y dejó su pasión durante seis meses. Sin embargo, su noviazgo terminó y ella dejó escapar su sueño de ser bailarina.

Si tenemos claros nuestros objetivos y metas, difícilmente nuestra vida se volverá un caos. Para lograrlo, es indispensable hacer un plan, una estrategia, visualizar cómo queremos nuestra vida y nuestra vida soy yo, no mi vida con otra persona que no puedo controlar. Es la visión de mi vida. De este modo, si tengo una pareja que me aporta cariño y apoyo emocional, nuestra vida seguirá siendo nuestra. No habrá cambio.

Antes de empezar por hacer planes de familia, tenemos que planear nuestra vida. El programa de los doce pasos nos aclara cuáles son nuestras responsabilidades verdaderas. Qué responsabilidad nos corresponde y cuáles a los otros miembros de una familia. Las siguientes preguntas nos pueden ayudar a decidir lo que queremos hacer con nuestra vida y no perdernos en el camino:

- ¿Cómo me veo en mi vejez?
- ¿Qué me gustaría hacer en mi vida adulta?
- ¿Qué me gusta más hacer?
- ¿Puedo vivir de lo que más me gusta hacer?
- ¿Qué necesito para vivir de lo que más me gusta hacer?
- ¿Qué me gusta hacer como pasatiempo?
- ¿Qué me divierte?
- ¿Qué necesito para darme tiempo para las cosas que me divierten?
- ¿Cuáles son mis metas y cómo me veo en cinco años?
- ¿Cuáles son mis metas y cómo me veo en tres años?
- ¿Cuáles son mis metas en este año?
- ¿Cuáles son mis responsabilidades?
- ¿Qué responsabilidades he tomado de otros y cuáles no

me corresponden?
- ¿Puedo hablar con los demás miembros de la familia y decirles qué responsabilidades les tocan a ellos?
- ¿Confío en los demás para dejarlos hacer lo que les corresponde?
- ¿Actúo de la mejor manera posible en lo que me corresponde?
- ¿Solicito ayuda cuando no puedo?
- ¿Tomó decisiones sin afectar a los demás?
- ¿Soy una persona confiable que cumple con sus responsabilidades?
- ¿Sé trabajar en equipo y fomento que cada quien cumpla con sus responsabilidades?
- ¿Sé cuál es mi papel dentro de la familia?
- ¿Defiendo mi punto de vista cuando difiero de otro?
- ¿Mantengo el criterio abierto para aceptar lo que otros piensan sin tratar de cambiarlos?
- ¿Tengo un buen grupo de apoyo entre amigos y familiares?
- ¿Sé qué le corresponde a cada parte y me rodeo de gente confiable?
- Cuando mi decisión afecta a otro, ¿lo tomo en cuenta y no decido por él?
- ¿Hago lo que me corresponde y sé que los otros confiarán en mí?
- ¿Intento en mi vida ser entusiasta, innovador y perseverante?
- ¿Concretó mis tareas con eficiencia?
- ¿Me siento importante como persona y sé que mi trabajo en todos los ámbitos es relevante?
- ¿Platico mis metas con mi familia para ayudarnos mutuamente a conseguir nuestros objetivos?
- ¿Pongo el bienestar del grupo antes del mío?

Una vez que tenemos claros nuestros objetivos y metas, podemos eliminar lo que nos detiene y dejar de lado lo que motive un caos en nuestra vida, así sea una persona, la bebida, drogas, cualquier cosa que nos aleje de nuestros sueños.

Al finalizar este cuarto paso, ya nos conocemos mejor, sabemos quiénes somos y qué queremos. A partir de este momento debemos seguir adelante y trabajar con nuestro crecimiento personal. Podemos resumir nuestro avance en los siguientes términos: hicimos un sincero y minucioso examen de conciencia, empezamos a comprendernos y saber por qué actuamos de cierta manera. Entendemos por qué tomamos ciertas decisiones, aunque muchas de ellas hayan sido en nuestra contra. Ahora sabemos que lo único que está bajo nuestro control es nuestra vida, nuestros comportamientos, decidir qué queremos para nuestro futuro. Estos instrumentos nos ayudan a encontrar el equilibrio y no permiten que el caos de otra persona gobierne el nuestro.

Si hacemos bien nuestro cuarto paso, empezaremos a tener equilibrio, aceptación y amor para nosotros mismos y si nos amamos, podemos amar a los demás. Lo que concluimos después de este cuarto paso es que nuestra vida es nuestra y que solo nosotros podemos decidir qué queremos hacer en un futuro con ella. Es muy importante tener una persona que funja como un padrino o una madrina para lograr la objetividad. Los resultados de este paso nos ayudarán a determinar el rumbo de nuestra recuperación a pesar de las adversidades con las que nos topamos en nuestro camino.

Los aspectos que mejoramos en esta fase tienen que ver con la honestidad, autoestima, miedo, enojo, resentimientos, justificaciones, control, comunicación, responsabilidad, autonomía, culpas, vergüenzas, relaciones sociales, confianza, compromiso, agradecimiento, amor, intimidad, madurez, relaciones sexuales, alcoholismo, drogadicción, valores, objetivos, metas, sueños, rasgos de nuestro carácter y espiritualidad. Estos constituyen la columna vertebral de nuestra vida, así que hay que tenerlos presentes.

### 5 Admitimos ante Dios, ante nosotros mismos y ante otro ser humano la naturaleza exacta de nuestras faltas

Cuando aceptamos ante otros nuestros defectos de carácter, nuestros motivos, objetivos, metas, esperanzas y valores se hacen más nuestros, se adentran más en nuestro interior. Las personas codependientes tienden a compartir su sufrimiento con todos sus amigos, pero eso no es nada sano, porque muchas veces estos no entienden que también el codependiente tiene responsabilidad en el abuso que sufre porque no establece límites y cree que amar significa darlo todo hasta quedarse vacío.

Por lo regular, los amigos, con la mejor intención, lamentan las situaciones y victimizan más al codependiente con expresiones de "pobre de ti", "es un desgraciado", "se aprovecha de ti", "eres una tonta"… Estas opiniones no ayudan a salir de la codependencia; más bien reafirman la idea de víctima de las circunstancias y dejan a la persona impedida para tomar una decisión sobre su vida.

Con el programa de los doce pasos se aprende a que se debe hablar con alguien que sí entienda la situación y también a dejar de hablar del otro, porque no nos corresponde; solo podemos controlar lo que nosotros hacemos ante la situación, si decidimos poner límites, quedarnos o irnos.

El cuarto paso nos ayudó a conocernos mejor y saber qué queremos; en este quinto, nos abrimos y admitimos lo que sucedió y cuál fue nuestra responsabilidad. El no atrevernos a hablar con alguien más lo que en verdad nos ocurrió significa que seguimos viviendo con culpa o vergüenza de lo que hemos hecho o que no perdonamos al otro que no se haya detenido en ciertas situaciones, pero no admitimos que nos faltó poner límites. Sin embargo, no por ello debemos pasar la vida culpándonos o avergonzándonos, porque solo estaríamos haciéndonos más daño.

Cuando aceptamos que fuimos responsables de lo sucedido, que no podemos obligar al otro a actuar de una u otra forma, que asumimos lo que hacemos, entonces propiciamos un cambio en nosotros mismos, sin rencor, culpa o vergüenza. En este momento nos sentimos responsables de todo lo que vivimos y elegimos vivir diferente. Reconocemos que no somos víctimas, que cedimos y accedimos a actuar de una manera no sana para nosotros. Este es el paso que nos ayuda a abrir los ojos y marcar límites, porque nuestra vida solo depende de nosotros mismos.

Algunas veces, sentimos tanta vergüenza que nos cuesta trabajo compartirlo con alguien más. Es el caso de Mónica, quien, al verse atrapada en un matrimonio y no tener armas para defenderse, huyó y dejó a sus hijos. Treinta años después, cuando sus hijos ya eran adultos, todavía no se atrevía a admitir que los había abandonado; su vergüenza era tan grande que prefería pretender que no había pasado, aunque esto lastimaba más a sus hijos. En este quinto paso el reconocer que el ser honesto y aceptar nuestra vulnerabilidad es bueno para el alma.

La codependencia es una enfermedad que afecta los sentimientos y el alma, y con estos pasos nos podemos recuperar a nosotros mismos, física, emocional y espiritualmente. Hablar con la persona indicada nos hará sacar de nuestro interior la vergüenza, la culpa, la ira, el rencor, y darnos cuenta de que somos seres humanos y venimos a aprender. Al compartir, empezamos a sanar y a reconocer que no pasa nada, que de ahora en adelante, con el apoyo de algún grupo, estaremos mejor.

## 6 Estamos enteramente dispuestos a que Dios elimine todos nuestros defectos de carácter

Ahora que ya nos conocemos, que sabemos cuáles son nuestras fortalezas y debilidades, ¿cómo nos convertimos en mejores personas?, ¿cómo mejoramos nuestra vida? Cada uno de nosotros tenemos una concepción diferente de Dios. En el programa de los doce pasos hay quienes no creen que exista; por lo tanto, para ellos el poder superior puede ser un grupo de personas que, al juntarse, son más fuertes que uno solo. Aquí no es tan importante la forma en que concibamos a nuestro poder superior, sino el atrevernos a soltar las cosas. Reconocer nuestros mayores defectos y tener el valor de cambiar.

En esta etapa de nuestra recuperación, somos conscientes de cuáles eran nuestros problemas de carácter, que nos regíamos por el miedo, el cual nos paralizaba. También sabemos que nuestra estima era baja y se revelaba en nuestro afán de querer quedar bien con todo el mundo; que nos aferrábamos a una persona e intentábamos hacer todo para que nos amara. Ese era nuestro perfil hasta este punto.

Hablaremos de nuevo de Marisa tenía poca tolerancia a la frustración. Siempre quería obtener la satisfacción de manera inmediata y no soportaba el dolor emocional. Esto hacía que cuando se enganchaba emocionalmente a una persona, no lo quería perder porque no deseaba vivir el dolor del duelo que le provocaría una separación; sin embargo, a la larga, el dolor de quedarse era más grande que el duelo de la pérdida. Cuando un hombre no la amaba de la forma que ella quería, entonces hacía cualquier cosa por conseguir su objetivo. Intentaba de mil formas que la quisieran, chantajeaba, trataba de negociar y manipular con tal de conseguir ser amada, ser vista, volverse indispensable para la persona. Entregaba la llave de su vida a otro con tal de convencerlo. Entonces se sentía víctima y se le olvidaba que ella tenía cierta responsabilidad.

Al parecer, Marisa no se daba cuenta de que se convertía en víctima por decisión propia. Este defecto de carácter lo pudo haber trabajado todos los días de su vida y con un sinfín de personas. Sin duda, existen víctimas reales, que están imposibilitadas ante sus circunstancias, por ejemplo, personas que han sido secuestradas o vivieron en el Holocausto, o bien, que viven en países donde son consideradas objetos y sin derechos, pero en la codependencia nos convertimos en víctimas por voluntad propia.

Las personas codependientes se convierten en víctimas por un vacío emocional que pretenden llenar con otras personas y no se dan cuenta que ese vacío en sus vidas solo ellas pueden colmarlo con su poder superior, que da la paz suficiente para superar el dolor. Este paso es muy importante para empezar el cambio, porque brinda las herramientas necesarias para corregir los defectos de carácter.

Con este paso inicia la sanación y la recuperación, porque estamos ya dispuestos a soltar las ataduras que nos impedían vivir con plenitud; dejamos de sobrevivir para empezar a vivir como en verdad lo deseamos. Dejamos de apoyarnos en alguien para vivir. Dejamos de manipular y de ser manipulados. No sentimos ya desesperación. Nos alejamos de nuestros miedos para atrevernos a vivir. Nos olvidamos de los rencores y de la negatividad. Olvidamos las creencias y las preocupaciones que nos limitaban. Dejamos de culpar a los demás por lo que nos pasa.

Decidimos dejar el miedo y no permitir más que alguien nos controle, porque nuestra vida es más grande que nuestros miedos; somos más fuertes que nuestras dudas. Al escuchar nuestros sentimientos, encontraremos las respuestas y la paciencia que necesitamos. El dejar que alguien nos controle también provoca que nosotros controlemos, porque en realidad dejamos que nos controlen para lograr que se queden o para evitar tomar decisiones sobre nuestra vida.

En este paso estamos listos para dejar ir y no preocuparnos por los problemas de los demás, por los sentimientos de los otros, sus necesidades, decisiones... Nos adentramos en nuestro interior y dejamos de sentirnos responsables de los actos de los demás. Ponemos límites y escuchamos nuestros sentimientos. Nos cuidamos nosotros mismos con ayuda de mi poder superior. Nos aceptamos tal como somos y nos amamos con nuestras virtudes y defectos. Tenemos fe en el futuro y confiamos en nuestra fuerza interior.

Empezamos a sanar el pasado al entender por qué hicimos ciertas cosas. Nos perdonamos porque sabemos que eran las únicas herramientas de supervivencia que teníamos. Ya no hay culpa ni vergüenza ni rencor. Reconocemos nuestro derecho a ser feliz y lo tomamos como una decisión de vida. Aceptamos nuestras circunstancias y empezamos a disfrutar.

En este sexto paso nos alejamos de lo negativo y decidimos tener fe y esperanza en el futuro. No le tememos al amor ni al compromiso, y abrimos nuestro corazón. Nos podremos desprender de una relación sin que ello nos cause dolor. No fingiremos más que somos felices en una relación disfuncional, con alguien que solo nos daña. Esto no significa que no vayamos a amar otra vez, pero ahora veremos el panorama más claro y no entablaremos una relación que sea contraria a nuestros valores.

Regresemos al caso de Marisa. Uno de sus más grandes defectos de carácter es que es una persona miedosa ante la vida. Mientras que su vida fluya dentro de su zona de confort, todo va bien, pero el salir de ella la atemoriza, incluso viajar a un país donde nunca ha estado le produce una gran inseguridad, porque la invaden pensamientos negativos en vez de estar feliz preparando el viaje y eligiendo los lugares que va a visitar. Hoy, Marisa es más segura porque ha confiado en su poder superior para dejar ir sus miedos. Tal vez pueda tener recaídas algunas veces; esto es normal en un ser humano, pero ahora ella sabe lo que debe hacer.

## 7 Humildemente pedimos a Dios que nos libre de nuestras culpas

La culpa es un sentimiento que todos los seres humanos hemos experimentado y que implica una reacción. La culpa puede revelarnos que hicimos algo que no queríamos y que iba en contra de lo que queremos, pensamos, sentimos o de nuestros valores. La culpa es una emoción negativa y, por lo tanto, nos hace sentir mal. Nos invita a movernos del lugar donde estamos. Es solo un indicador de que algo está pasando y nos invita a tomar un camino y acciones diferentes en la vida. La culpa como cualquier sentimiento no es malo, solo es. Si lo utilizamos a nuestro favor puede ser bueno. Lo malo es cuando nos quedamos en él.

La culpa nos alerta de que algo no está bien con nosotros y debemos cambiar. Hablemos de Sonia, para quien la culpa que sentía la ayudó a darse cuenta de que estaba actuando en contra de sus principios. Su esposo se había gastado la herencia de ella y la dejó si nada, solo con unas acciones que estaban en copropiedad con sus hermanos. Su esposo le pidió que le firmara un aval y ella lo hizo; en ese entonces era totalmente dependiente de él. Con el paso del tiempo y por las deudas que él contrajo, embargaron también los bienes de su familia. Entonces, Sonia se llenó de culpa. ¿Cómo podía ella haber metido en problemas a sus hermanos? Sentía una culpa que la carcomía y lloraba todos los días. Sin embargo, gracias a esa culpa, tocó fondo y pidió ayuda en una clínica para tratar su codependencia.

Sonia dejó a su esposo y empezó una vida más digna y en armonía con sus valores. En este caso, la culpa la llevo a actuar de forma positiva; ella la utilizó para moverse del lugar donde estaba.

Enriqueta es otro caso que nos puede servir de ejemplo. Ella dejó su casa porque vivía con un hombre controlador que la amenazaba continuamente con arrebatarle a sus hijos y bajo una opresión que hacía que ella estuviera siempre enferma. Un día, ya no pudo más y huyó sin sus hijos. Estuvo un año fuera, pero en cuanto su ex marido se casó de nuevo y ya no podía o quería cuidar a sus hijos, ella regresó con ellos.

Enriqueta vivía con culpa y, en vez de aceptar que había dejado a sus hijos, ofrecer una disculpa, validar su sentimiento de abandono y darle vuelta a la página, ella seguía negando que los hubiera dejado. ¿Cómo pudo permanecer en la negación y la culpa tanto tiempo? Si ella hubiera hablado con sus hijos de que era necesario alejarse, no habría causado daño ni a ella misma ni a sus hijos. Después de cuarenta años, reconoció ante sus hijos que no supo cómo dejar a su esposo sin abandonarlos a ellos.

En este paso, ya nos conocemos y reconocemos qué nos gusta y qué quisiéramos modificar. Ahora le pedimos a Dios que nos ayude a deshacernos de todos los sentimientos que venimos cargando del pasado y que, en su momento, fueron un indicador de que algo no andaba bien. Nos referimos a ciertos sentimientos y no solo a la culpa, sino a la tristeza, el rencor, los miedos, entre otros muchos.

Enriqueta le tenía mucho miedo a su esposo; por lo tanto, le mentía para que no se enojara, y luego se sentía culpable por haber mentido. Años después, cuando dejó a sus hijos, a la culpa se sumó mucha tristeza y llanto. Una vez que se dio cuenta de que, en ese momento, el dejar a su esposo y a sus hijos era su única solución, entonces habló con ellos y pidió perdón. Hoy vive en el presente: vive con sus hijos, los aprovecha y les da lo mejor de ella.

La culpa no nos deja ser la mejor parte de nosotros mismos, porque nos ata al pasado. De ahí la importancia de arreglar los asuntos pasados y reconocer que somos fuertes y podemos seguir adelante.

## 8 Hacemos una lista de todas aquellas personas a quienes hemos herido y estamos dispuestos a reparar el daño causado

Cualquiera que haga un inventario se dará cuenta que alguna vez ha dañado a alguien. Lo más doloroso para un codependiente es saber que la persona a la que más ha lastimado es a sí mismo al tomar malas decisiones y fingir que no pasa nada. ¿Cómo reparar el daño causado? La mejor manera de resarcir el daño es darnos valor, cuidarnos, querernos, poner límites y, si es el caso, alejarnos de la persona que nos hace daño.

En terapias grupales hemos observado que gran parte del daño causado al codependiente es la neurosis que le provoca su pareja. Al no poder controlarlo, entonces sobreviene la frustración acompañada de neurosis, la cual no solo afecta al codependiente, sino también a quienes lo rodean, entre ellos a los hijos. Los daños que un codependiente ocasiona tienen que ver mucho con lo emocional; esto sucede porque el codependiente no se ama, por lo cual difícilmente puede dar amor.

Después de elaborar nuestro inventario de daños causados, hay que buscar la manera de resarcirlos, ya sea cambiando nuestro comportamiento con los demás y decidiendo cómo reaccionar ante cada emoción y más que nada contra quién actuamos. Debemos ser conscientes de cuáles son nuestros problemas de carácter para poder remediar los errores y daños que producimos por estos y con paciencia ir cambiándolos.

*9 Reparamos el daño causado a los demás, siempre que sea posible, excepto cuando el hacerlo implica perjuicio para ellos o para otras personas*

Este aspecto también tiene que ver con el resarcimiento del daño. Este paso debemos hacerlo con la mayor objetividad posible para no caer en la victimización. Algunas veces, en la codependencia, el reparar el daño puede ser solo un cambio de actitud, es decir, empezar a tratar a las personas de manera diferente, con más respeto a su individualidad y sus decisiones.

La neurosis, la falta de límites o el tratar de controlar al otro son muchas veces los causantes del daño, y este puede remediarse si cambiamos nuestra actitud, trabajamos en nuestros propios problemas de personalidad y soltamos lo que no podemos modificar.

Daniela estaba casada con un abusador que la golpeaba y ella tenía pánico de terminar esta relación; sentía que no podía vivir sin él. La golpeaba cuando tomaba y después al día siguiente él se disculpaba y le prometía que nunca volvería a pasar. Cada que sucedía esto, ella le creía que esta vez sí iba a ser diferente. Ellos tienen tres hijos. Daniela es una excelente madre y, cuando la vida marchaba bien, parecían la familia perfecta: hacían cosas juntas; iban como pareja a ver el juego de futbol de sus hijos; los domingos asistían a misa; eran un ejemplo para la comunidad. Todo ello hasta el día en que él volvía a tomar. Se volvía loco, agresivo y llegaba a su casa y golpeaba a todo el que se le ponía enfrente, ya fuera su esposa o sus hijos, no importaba.

Daniela les pedía a sus hijos que mantuvieran en secreto esta situación; a ella le gustaba seguir aparentando que todo marchaba a la perfección en su familia. Todos vivían en un constante desasosiego, pero nadie hacía nada. Cuando ella se incorporó al grupo de Al-Anon, al llegar al cuarto paso del programa, se dio cuenta de su neurosis, ocasionada por el miedo en el que vivía, y como no podía externarlo con su marido, lo hacía con sus hijos, a quienes a veces golpeaba, lo que la llenaba de culpa.

Con el programa de los doce pasos, Daniela poco a poco fue adquiriendo la calma y mejorando la relación con sus hijos, a quienes dejó de regañar y empezó a tratarlos con cariño. Los hijos también cambiaron con ella. Una vez que esto trajo paz a su vida, empezó también a conducirse de manera distinta ante el alcoholismo de su marido. Aceptó que ella no podía hacer que él dejara de beber, pero sí podía determinar cómo comportarse ante las situaciones que ello generaba. Cuando él llegaba tarde o de plano no llegaba, ella se quedaba a dormir en el cuarto de sus hijos. Esto alejó el miedo de ella. Daniela decidió quedarse con su marido porque este era una persona diferente cuando no tomaba. Reconoció que el alcoholismo es una enfermedad y que ella no podía hacer nada al respecto.

El resarcir el daño da libertad y siempre hará sentir mejor. Este acto puede ser diferente en cada persona, pero siempre tendrá impacto y dejará una sensación de paz.

## 10 Proseguimos con nuestro examen de conciencia y admitimos espontáneamente nuestras faltas al momento de reconocerlas

Este paso nos mantendrá sanos de aquí en adelante. Si hacemos conciencia de lo que hicimos todos los días, ¿en qué nos equivocamos?, es probable que nos demos cuenta a tiempo de una recaída y salgamos más rápido de ella. Un ejemplo puede ser el no saber decir no, lo que nos involucra en ocasiones en problemas, porque muchas veces hacemos cosas en contra de nuestra voluntad.

Es recomendable hacer en la noche un breve inventario de nuestro día para percatarnos en qué situaciones nos vimos forzados a decir que sí y cómo resolverlo la próxima vez que suceda sin que tengan que pasar años para darnos cuenta de nuestros errores. Ser asertivos muchas veces facilita la vida. Con nuestros hijos, podemos aplicar la misma estrategia: ofrecerles una disculpa inmediata cuando les ocasionamos algún daño; no dejar pasar tiempo y que se vayan acumulando este tipo de situaciones. Lo mismo aplica con nuestra pareja: si dejamos que traspase nuestros límites, entonces debemos hablarlo de inmediato.

Esto nos ayudará a no perder el camino que decidimos seguir al reflexionar cómo nos sentimos en nuestro cada día, qué nos hace sentir así, cómo queremos actuar ante el sentimiento y examinar si estamos siguiendo el plan para llegar a nuestros objetivos de vida. Si nos mantenemos en la mira para obtener lo que queremos a largo plazo, difícilmente nos perderemos. Hay que seguir nuestra propia línea, nuestros propios planes, y así seremos nosotros mismos, conectados en cuerpo y alma con lo que queremos.

Seremos nosotros mismos día a día. Seremos autosuficientes y sabemos que no estamos solos, que contamos con el apoyo de personas en quienes sí confiamos. Cada día exploramos quiénes somos, qué queremos, a dónde vamos, con quién contamos; revisamos nuestros defectos de carácter, cómo nos sentimos, si continuamos el camino para llegar a nuestros objetivos y, así, seguimos hacia adelante.

**11** *Buscamos con la oración y la meditación mejorar nuestra relación con Dios, tal como nosotros lo concebimos, le pedimos que nos deje conocer su voluntad para con nosotros y nos dé la fortaleza para cumplirla*

En el programa de los doce pasos el meditar y orar son dos elementos primordiales. El meditar nos pone en contacto con nosotros mismos; nos ayuda a poner atención, a estar en el aquí y ahora. Si logramos estar en el momento, entonces, en cualquier caso, podremos prestar atención especial a lo que estamos sintiendo y lo comprenderemos, sin permitir que alguien externo nos lo diga. Aprender a meditar es fácil; se trata de aprender a poner nuestra mente en blanco por un momento para enfocarnos en el qué y en el ahora. No dejar que la mente divague.

En un principio, mientras que aprendemos a meditar, es importante encontrar un lugar donde no haya distractores y podamos estar en silencio. Comenzamos con cinco minutos diarios y después poco a poco lo extendemos al tiempo que necesitemos. Hay que apagar celulares, televisión o cualquier aparato que nos distraiga. Es preferible utilizar ropa cómoda y quitarnos los zapatos; ponemos nuestro cuerpo en una posición que toque en tres puntos. Puede ser una silla con los pies apoyados en el piso o en flor de loto o medio loto con las piernas cruzadas. Debemos encontrar la posición más cómoda para nosotros.

Para terminar la meditación, cerramos nuestros ojos y empezamos con una respiración tranquila: aspiramos el aire en cuatro tiempos y expiramos en seis tiempos. Repetimos: "Inhalo, exhalo" y ponemos atención a estas palabras; de esta forma nos enfocamos en nuestra respiración. Después podemos hacer un recorrido de todo nuestro cuerpo para comprobar el estado en que se encuentra; poco a poco lo escaneamos en nuestra mente y vamos sintiendo cómo cada parte se va relajando.

Una vez que logramos estar en silencio con nosotros mismos para escuchar nuestra voz interna que nos lleva a tomar mejores decisiones, es recomendable aprender a orar. Mientras que la meditación es silencio, la oración es hablar, comunicarnos con nuestro poder superior, según nuestro entendimiento. Aquí es importante saber quién es nuestro poder superior: para algunos es Dios; para otros es la parte divina que todos tenemos en nuestro interior.

La oración de la serenidad dice: "Dios, concédeme la serenidad para aceptar las cosas que no puedo cambiar, valor para cambiar aquellas que sí puedo y sabiduría para reconocer la diferencia". En la codependencia se cree que para ser feliz uno puede cambiar al otro; no se considera que la solución sea moverse del lugar donde se dan las situaciones que provocan daño. La sabiduría nos ayuda a conocernos mejor.

**12** *Al lograr un despertar espiritual como resultado de estos pasos, tratamos de llevar el mensaje a otros codependientes y practicar estos principios en todas nuestras acciones*

La recuperación significa servir y ayudar a otras personas que están en la misma situación que nosotros. Cada que hacemos algo por los demás, crecemos como personas y, en consecuencia, mejoramos. Dar es una de las claves para el crecimiento.

En el programa de los doce pasos, hacemos una exploración de nosotros mismos, quiénes somos, qué hacemos, qué queremos y qué camino tomaremos. Analizamos también a quiénes hemos dañado y resarcimos los daños o cambiamos nuestras actitudes. Le pedimos a Dios que nos libere de nuestros defectos de carácter y de la culpa y los sentimientos negativos que tenemos guardados. Ahora es el momento de dar a las otras personas algo de lo que hemos adquirido; esto nos hará mejores personas.

Cada servicio dentro del programa no solo ayuda a los otros, sino a nosotros mismos; por ejemplo, el coordinar nos brinda seguridad para hablar frente a la gente y dirigir un grupo. El conocer a otras personas que tienen problemas similares ayuda a quitarnos culpas, a perdonarnos y reconocer que la codependencia es una enfermedad y que podemos sanar.

Uno de los servicios del programa es el ser tesorero; por ejemplo, Sonia tuvo ese encargo. Le costó mucho ser organizada con el dinero, con lo que se compraba y ver que se tuviera suficiente dinero para que el grupo fuera autosuficiente; ser eficiente con las compras y ver por el bienestar del grupo. Este servicio no era fácil para ella por varias razones: nunca se había hecho cargo de administrar el dinero, así que era la primera vez que estaba a cargo de manejarlo. Todo el grupo la apoyó para que esto se llevara como debía ser. Nadie le dijo que no podía y si preguntaba o tenía dudas, solo le compartían cómo lo habían hecho las demás personas; no había críticas, únicamente sugerencias.

Sonia creció mucho al darse cuenta de que sí podía y ello le dio independencia. La ayudó a administrar los gastos de su casa y ya no se sentía inútil o inepta para manejar el dinero como su esposo se lo había dicho durante tanto tiempo. El programa le regresó la confianza. Después ayudó a organizar la celebración del aniversario del grupo. El aniversario fue un éxito; todo el grupo y los invitados la pasaron muy bien y las conferencias fueron muy provechosas. Esto le reveló que si ella se enfocaba en lo que le correspondía y dejaba de lado lo que los otros hacían, su vida mejoraría.

Con todo lo que aprendió en el programa, Sonia ahora se dedica a transmitir el mensaje y dar servicio; el programa se ha convertido en parte de su vida y de su recuperación.

# Los lemas

Con el programa de los doce pasos aprendemos una forma más sana de vivir y de que no necesitamos de otros para saber quiénes somos o lo que valemos; que somos capaces de vivir nuestra vida tal como la queremos. Compartimos nuestra vida sin una necesidad enfermiza, sino desde el deseo auténtico: "yo quiero estar con alguien cuando quiero estar", no desde la necesidad.

En este apartado haremos un breve recorrido por los lemas que son como salvavidas mientras transitamos cada paso de nuestra recuperación:

### *Solo por hoy*

Cuando estamos sumergidos en la codependencia no podemos vivir el solo por hoy; ni siquiera pensamos en ello. Nuestra vida gira alrededor de la persona de nuestra obsesión. Nuestro pensamiento todo el tiempo es: "¿qué puedo hacer para que me quiera?, ¿qué puedo hacer para que esté contento?, ¿cómo lo puedo hacer feliz?". En el fondo, no sabemos que jamás podremos hacer feliz a nuestra pareja; él o ella solo pueden ser felices si así lo deciden. Tampoco podemos hacer que nos amen de la forma en que nosotros lo deseamos, porque el amar a alguien es una decisión personal, que nadie puede hacer por otra persona. Los codependientes pierden gran parte de su vida intentando lo imposible.

El codependiente manipula, chantajea y deja de ser él mismo, todo por conseguir un poco de amor de quien no puede dárselo; se envuelve en ciclos enfermizos dejando de vivir. Vive el hoy con miedo de perder a la persona de su obsesión y sumergido en el pasado tratando de entender por qué no logra que esa persona en especial lo ame. Deja de disfrutar el presente, que es lo único real que tiene.

El miedo impide actuar en el momento de la manera adecuada. Lo recomendable es detenernos y escuchar nuestros sentimientos. ¿Cómo nos hace sentir una situación determinada?, y entonces hacerle frente y atrevernos a vivir el momento sea cual sea el resultado; no fingir que nada pasa con tal de no afrontar las cosas. El miedo al futuro y el recuerdo del pasado no nos permite vivir el presente con plena conciencia ni tampoco disfrutar más y realmente vivir.

El "solo por hoy" significa disfrutar el viento, los árboles, los pájaros, los hijos, la pareja, los amigos, cada palabra que dicen, cada momento. Disfrutar nuestros estados de ánimo, porque cada uno nos dice algo. Hacer lo que queremos tomando en cuenta nuestros valores, metas y objetivos.

### *Primero las cosas más importantes*

Para muchas personas, la vida es un drama constante. Siempre ocupadas y corriendo de un lado al otro. Todo para ellas es importante y no se detienen a pensar. Sienten que el tiempo no les alcanza. Este lema nos ayuda a entender que no todo es relevante ni urgente, que lo primordial es nuestra salud mental y emocional. Si revisamos nuestra agenda, podemos advertir que muchas de las actividades programadas no son trascendentes y nos absorben gran parte de nuestra vida.

Es necesario detenernos y no correr todo el tiempo; a veces esto lo hacemos para cubrir el dolor y no tener tiempo de sentirlo. Si vivimos sin miedo, podemos hacer mejor las cosas. Es muy útil elaborar una lista de todas nuestras actividades y examinarlas para ver con claridad cuáles son en verdad urgentes. Esto nos ayuda a restarle tiempo a la agenda y ganarlo para nosotros mismos.

### Hacerlo con calma

Si hacemos las cosas con mayor premura, habrá más posibilidades de cometer errores. Si aplicamos este lema y elaboramos una lista de los deberes del día, todo sale mejor. Si nos llenamos de tareas y no las cumplimos, esto nos pondrá de mal humor. Lo recomendable es hacer lo más importante y con calma. Al final del día, haremos lo que podamos y de la mejor manera.

### Mantenerlo simple

El codependiente está acostumbrado a vivir en el drama, porque vivir en paz puede costarle trabajo. No sabe estar tranquilo y disfrutar de él mismo. Confunde la serenidad con la tristeza.

Mantener las cosas simples significa hacer lo que nos corresponde, dejar el drama atrás y resolver los asuntos principales.

### Vivir y dejar vivir

Este lema es esencial para el codependiente, ya que nuestros problemas y sufrimientos muchas veces no son nuestros; son de la otra persona, pero los vivimos como si fueran nuestros. El día que en nuestro interior nos convenzamos que no nos pertenecen, entonces empezaremos a enfocarnos a vivir nuestra vida y dejar de estar resolviendo problemas ajenos. Una vez que dejamos de sentirnos culpables por los actos de otros, nos responsabilizamos solo por lo que nos corresponde. En ese momento, las cosas se vuelven mucho más fáciles: no contralamos, pero tampoco dejamos que nos controlen; nos cuidamos para estar bien física y emocionalmente.

### Solo por la gracias de Dios

Sin la gracia de Dios en nuestra vida nada sería posible, ya qué hay situaciones que se salen totalmente de nuestro control y la única forma de vivirlas es entregarle el resultado a Dios. Cuanto más caótica resulta nuestra vida, más hay que entregársela a él. Dios es diferente para cada persona; muchas lo asocian a su religión; para otras tiene un significado espiritual sin vínculo con alguna religión. Como quiera que sea, la percepción de Dios o de un poder superior es fundamental.

Debemos dar gracias a ese poder superior por todos los milagros que se nos presentan en la vida, desde nuestros hijos hasta el canto de los pájaros, el amanecer, una buena compañía, los animales, los árboles, cada instante que nos ofrece cosas hermosas. El sufrimiento nos hace más fuertes y nos ayuda a crecer. Nuestro poder superior nos fortalece ante las situaciones difíciles y nos convierte en mejores seres humanos.

### *Pensar*

El pensar es un instrumento para mejorar nuestra vida. Si pensamos antes de reaccionar, la decisión que tomemos puede ser distinta, más certera, sin premura. Nos ayuda a no involucrarnos en problemas innecesarios. Es mejor detenerse a pensar antes de dar respuesta inmediata; podemos analizar, consultar y luego decidir.

### *Mantener el criterio abierto*

Todos nacemos en un ambiente que nos hace creer y dar por hecho ciertas cosas, las cuales nos llevan a pensar que las otras personas son superiores a nosotros o inferiores. Sin embargo, todos tenemos algo que aportar a los demás. Lo que nos convierte en mejores personas en términos emocionales es el dolor sufrido, lo problemas que hemos sobrepasado y que nos fortalecen cada vez más. El programa de los doce pasos nos enseña a aprovechar cada problema para convertirnos en una mejor persona.

No podemos ser mejores personas hasta que aceptamos que todos los seres humanos sentimos lo mismo. No estamos dispuestos a aprender hasta que aprendemos a escuchar lo que cada persona tiene que decir. Mantener el criterio abierto es estar dispuesto a aprender de todos y esto no significa ser una veleta de los demás y hacer lo que se nos indica, sino escuchar y aplicar lo que nos conviene y puede ayudar a nuestra vida.

Nosotros ya elaboramos nuestro inventario. Ya tenemos nuestros valores por escrito, ya no es tan fácil que alguien nos influya en algo que no queremos hacer. Ahora ya somos autosuficientes, pero eso no nos eleva el ego; todo lo contrario, nos vuelve más humildes para saber que necesitamos de los demás. Aquí es fundamental nuestra madrina o padrino del programa, porque es la persona que consideramos idónea para mostrarnos el mejor camino.

Por otro lado, siempre hay que escuchar a los demás porque, a veces, en el lugar donde menos lo imaginamos encontramos una respuesta más convincente. Armando es un hombre humilde que pertenece a AA y tiene una educación emocional y espiritual que muchos quisieran tener. Cuando llegó a AA, le costaba trabajo ver a los profesionistas y se sentía inferior a ellos; sin embargo, poco a poco, con el tiempo se dio cuenta de que muchos de ellos, con un ego enorme, volvían a beber; otros tenían un nivel espiritual alto y seguían en el grupo y eran líderes, pero esto no tenía nada que ver con el dinero o con su preparación escolar, sino con su espiritualidad. Armando se convenció de que en el grupo todos somos iguales y de todos podemos aprender. Así, mantener el criterio abierto nos ayuda a convertirnos en mejores personas, a escuchar y aprender de los demás.

### *Evitar recaídas*

Hay ciertos aspectos que nos indican que estamos recayendo; por lo tanto, debemos cuidar nuestras actitudes y estar alertas de no reincidir en un comportamiento obsesivo-compulsivo; evitar la tristeza que nos provoca cuando no estamos cerca de alguna persona en particular. Cuando los momentos infelices son más que lo felices es la hora de volver a nuestro inventario para analizar qué nos está pasando.

Un ejemplo de esta situación es Cristina, cuya historia conocimos al inicio de este libro. Ella tuvo una recaída y gracias al programa salió rápido. Cuando inició los trámites de divorcio, tenía muchos problemas legales y se sentía incapaz ante ellos. Buscó la ayuda de un amigo que tenía un despacho de abogados; comían una vez al mes y él la asesoraba. Sin embargo, un día él le propuso que se convirtieran en amantes o que fuera su novia de una vez al mes o una relación intemporal. Cristina estuvo a punto de caer en esa tentación, pero recurrió a su inventario, en particular a la parte en la que anotó los comportamientos inaceptables para ella. Uno de ellos era precisamente el que le planteó su amigo. Le costó mucho trabajo decir que no, porque se sentía muy sola, pero al final no aceptó porque esa situación le produciría más dolor que felicidad.

Las comidas siguieron una vez al mes y le causaban una felicidad enorme, pero luego, en los siguientes días, aparecía su pensamiento obsesivo-compulsivo. Entonces decidió recurrir a su grupo del programa y a su madrina. También su poder superior le ayudó a soltar sus problemas. Solo fueron tres meses lo que le duró la obsesión y tristeza, y no los veinte años que permaneció casada. Se aferró a sus valores y a sus metas y no renunció a ellos por nadie.

Cuando nos sucede lo que le pasó a Cristina, es mejor poner solución rápida que esperar. Ahora sabemos lo que queremos y no. Nos conocemos mejor, sabemos cuáles son los comportamientos inaceptables para nosotros, conocemos nuestra red de apoyo y, lo más importante, sabemos que el dolor es momentáneo. Nos permitimos sentir y después seguir; no detener nuestra vida. Como dicen en terapia: sentir no es consentir.

Para lograr lo anterior se recomienda hacer la cruz del equilibrio. Primero dibujamos una cruz y en cada uno de los lados ponemos un área de nuestra vida que es apreciable: la escuela o el trabajo, los amigos, la salud y, por supuesto, lo espiritual, y anotamos lo que hacemos en cada una de ellas. Este ejercicio nos revela las cosas importantes que tenemos que hacer en nuestra vida y evita que nos quedemos anclados llorando nuestra codependencia. Al explorar la cruz del equilibrio, observamos que tenemos gente cercana a nosotros: hijos, familia, amigos, trabajo, rutinas de ejercicio… Todo ello nos mantiene sanos y en el terreno espiritual.

Una vez que ya nos queda claro lo que es importante en el día, entonces asignamos un horario a los asuntos principales. Estos horarios nos hacen mantener el equilibrio.

### Ante una recaída hay que volverse a levantar

Algunas veces, aun estando en el programa, teniendo padrino o yendo a terapia, podemos recaer. Las recaídas causan un dolor insoportable. Es igual o más grande que el anterior. El escuchar a los demás compartir situaciones parecidas brinda esperanzas de que sí podemos sobrevivir y no hay que rendirse.

Sofía vivía en una relación de abuso; su pareja la maltrataba verbalmente y la engañaba con otras mujeres. Ella se daba cuenta y trataba de terminar la relación con él, pero no podía; entonces se cortaba a ella misma para aminorar el dolor emocional. Como su papá era alcohólico, la alentó a ir a los grupos de Al-Anon, pero no fueron de mucha ayuda para ella. Un día su terapeuta le recomendó que asistiera a un grupo de CoDa, porque ella era doble ganadora: era hija de alcohólico y codependiente.

Sofía sintió que ese era su lugar, porque ella no podía sola; escuchó a otras personas que tenían relaciones muy similares a la de ella, insanas, en las adoptaban el papel de víctimas y no defendían sus límites. Hoy acude a los dos grupos para sanar sus problemas con sus padres y con su pareja. Terminó con la pareja que la maltrataba y hoy tiene una nueva relación con una persona que comparte sus mismos objetivos, vive en paz y no necesita el drama todo el tiempo.

### *Un clavo saca a otro clavo frente a la varita mágica*

Cuando estamos sumidos en el dolor de una relación no sana y decidimos salir con otra persona, lo más probable es que el resultado sea aún más intenso, ya que la elección la hacemos en un momento en el que emocionalmente no estamos bien. Es como cuando tratamos de quitar el dolor con vino o drogas, pero al día siguiente amanecemos con mayor angustia. Por ello, la opción de "un clavo saca a otro clavo" no es muy recomendable.

Otra solución es la llamada "varita mágica". Si lo comparamos con la otra alternativa, el clavo es una persona externa de la cual nos colgamos para sanar un dolor; en cambio, la varita mágica, no, porque somos nosotros mismos: con calma, sanamos nuestras actitudes, elaboramos una lista de lo que esperamos de la relación y, una vez que tenemos esto claro, entonces buscamos a otra persona, pero ahora con los sentidos bien abiertos para percatarnos si esta persona comparte la misma visión y misión en la vida que nosotros.

La varita mágica no lleva prisa, es con calma y sabiendo lo que realmente deseamos de la vida y no una especie de plastilina que adquiere la forma que la otra persona desea. La varita mágica funciona porque elegimos desde nuestra parte sana y racional.

Una relación no tiene por qué ser difícil y de esto hay que convencernos. Cuando estamos con la persona adecuada, el vínculo amoroso fluye con armonía y cumplimos las metas y los objetivos que compartimos. Nos damos cada uno nuestro espacio y tiempo sin sobresaltos ni imposiciones o chantajes. Aprovechamos los buenos momentos juntos, pero también cada uno sigue su proyecto de vida individual. Los dos tenemos una vida completa y nos aportamos.

### *Cuando la guerra termina*

Vivir en una relación de codependencia es como librar una constante batalla, una guerra sin final. Es un drama continuo. Pasa una cosa tras otra. No existe paz. Nuestra vida es ingobernable y la hemos cedido al otro sin reparo alguno. En nuestra vida no hay orden y todo se vuelve muy confuso.

Al lograr salir de una relación de codependencia, hay que aprender a vivir de nuevo; es como vivir después de la guerra. El programa de Al-Anon es muy útil para las personas afectadas durante años a causa de una relación dañina. Ayuda también el repetir constantemente los lemas que aquí presentamos, como el de "Vive y deja vivir", llenarnos de las cosas que nos hacen felices y no depender de los otros. Empezar por nosotros, cuidándonos, siendo responsables de nuestros actos y haciendo lo que nos corresponde. La recomendación es aprender cada uno de estos lemas y vivirlos cada día.

Los codependientes, para poder vivir, deben entender que sí hay esperanzas de volver a amar de una forma sana una vez que la guerra ha terminado. Siempre hay una motivación para salir adelante y reconocer las señales de una relación sana, en la que cada parte escriba su libro de vida, en la que cada uno sienta, piense y haga con libertad y sin imposiciones; en una relación en la que los límites se respeten y no exista ninguna clase de abuso.

No hay que salir corriendo ante cualquier posibilidad de iniciar una relación; cuando se tengan miedos o dudas, debemos recurrir siempre a los amigos del programa de doce pasos, quienes pueden aconsejarnos sobre un tema en el cual tienen experiencia; ellos nos ayudan a perder el miedo y aprovechar la oportunidad de tener una relación sana, seguros de lo que somos y queremos.

No hay que olvidar que donde hay fe hay amor, y donde hay amor hay paz, y donde hay paz esta Dios. Hay esperanza después de la guerra.

*La codependencia, ¿por qué no me ama?* de Montserrat Moragrega,
se terminó de imprimir durante el mes de noviembre de 2018.
Se utilizaron tipos Adobe Caslon Pro.
La edición estuvo al cuidado de la autora
y los editores.

Made in the USA
Coppell, TX
28 March 2022